主编 肖川
译注 周颖 刘胡权
编写 周颖 刘胡权 崔艳艳 陈胜
陈邦伟 林冬松 骆婧

读史生智《三字经》

名师导读

主编 肖川

CNS PUBLISHING & MEDIA 中南出版传媒

岳麓书社·长沙

图书在版编目(CIP)数据

读史生智三字经/肖川主编. —长沙:岳麓书社,2013.12(2022.10 重印)
(名师导读)
ISBN 978-7-5538-0110-0

Ⅰ.①读… Ⅱ.①肖… Ⅲ.①古汉语—启蒙读物 Ⅳ.①H194.1

中国版本图书馆 CIP 数据核字(2013)第 061018 号

DUSHI SHENGZHI SANZIJING

读史生智三字经

主　　编:肖　川
责任编辑:蔡　晟　谢淑姮
责任校对:舒　舍
封面设计:谢　颖

岳麓书社出版发行
地址:湖南省长沙市爱民路 47 号
直销电话:0731-88804152　0731-88885616
邮编:410006

版次:2013 年 5 月第 1 版
印次:2022 年 10 月第 3 次印刷
开本:710mm×1000mm　1/16
印张:7.25
字数:85 千字
印数:33 001—36 000
ISBN 978-7-5538-0110-0
定价:21.80 元

承印:廊坊市博林印务有限公司

如有印装质量问题,请与本社印务部联系
电话:0731-88884129

序 言

当今社会，“国学热”方兴未艾，解读国学名著的学者文人通过电视传媒的方式更是被万众景仰。这些学者文人对中国文化的解读，甚或对中国古代人们深层心理的深刻分析，都不乏真知灼见，其讲解也如金声玉振，字字珠玑。当然，人们对国学的热衷，其实是对中国传统文化的热情，人们对解读者的追捧，其实是被中国传统文化所散发的思想魅力深深吸引。

但同时我们也要清醒地意识到，中国传统文化存在着诸多先天的缺陷，诸如太多的封建时代的思想、缺乏充分而严格的论证等，我们在了解和学习时，需要剔除其糟粕，汲取其精华。这对于面向现代化、面向世界、面向未来的中小学生来说尤其是值得注意的事情。

作为现代的中国人，特别是中小学生，我们无需也不必把所谓国学的经典（“四书”“五经”之类）像古人一样读得滚瓜烂熟、倒背如流，甚至悬梁刺股、韦编三绝，以至于孜孜以求、皓首穷经。我们其实只需要对国学有所了解，有所辨识，有所吸收就可以了。我们需要了解中国传统文化思想的主要内容，需要知晓其产生与发展的历史渊源，进而辨识其与现代文化思想的同与不同，以不使自己作为中国人而数典忘祖，以不使自己成为历史虚无主义者而洋洋自得。同时，在此学习的过程中，使自己成为具有现代思想的中国人。

我们这套书也在解读着中国的传统文化，但我们并不想从古代中国成人所读的那些“四书”“五经”去分析，也不从那些国学中的显学人物孔子、庄子的思想去解读，而是眼光向下，俯首去解读那些古代孩子们读的蒙学读本，以此去解读中国传统文化的精髓。

蒙学读本也称“蒙养书”“小儿书”，是专为学童启蒙教育编写的在庠序、书馆、塾学使用的课本，相当于我们现代的小学语文教材。《三字经》《百家姓》《千字文》《弟子规》都是中国古代蒙学读本中流传广泛、影响久远的经典之作。

这些蒙学读本，不仅有识字的功能，还有增长见闻，了解社会，接受传统文化思想的功能。这些蒙学读本“包罗宇宙天地人，纵贯华夏五千年”，包括了“天文、地理、历史、人事、修身、读书、农艺、宫室、祭祀”等方面的内容，而且“意蕴精微，深寓于十三经、二十五史、诸子百家”，是真正的“袖里通鉴纲目”。可以说，这些蒙学读本浓缩了中华传统文化的精髓，也凝聚着中国古代人民的智慧。

中国古代有“化三千”的说法，就是“教化蒙童须读《三字经》《千字文》，以习见闻，以明义理”。“化三千”的说法，凝炼地表达了《三字经》《千字文》等蒙学读物对儿童的教化作用，以及对儿童今后思想所起的奠基似的功用。当然，这其实也是对一个民族的思想所起的奠基作用，更是对整个中国文化所起的奠基的作用。

因此，如果你要想去了解中国传统文化的精髓，探寻中国人的文化心理，大可不必埋首于那些皇皇巨著的“四书”“五经”中去寻找答案，只要认真阅读《三字经》《百家姓》《千字文》《弟子规》这样的古代传统蒙学读本就能找寻到中国文化的精髓，就能探究到中国人深层的文化心理。要知道，一个人在少年儿童时期读的书决定着他今后思想发展的方向。因为少年时期是一个人价值观、人生观、世界观形成的关键时期，他在这个时期所读的书，所受到的思想和文化的熏陶将影响到他的整个人生态度、意志信念与精神品质。我国现代著名教育家陶行知先生就认为“人格教育，端赖六岁以前之培养。凡人生态度，习惯，倾向，皆可在幼稚时代立一适当基础”。因此，你如果想要了解一个人的思想，不仅要看他成年之后所读的书，更重要的是要看他少年儿童时期所读的书；你要理解一个民族和一个国家的文化心理，不仅要看这个民族的文化经典，也要去看看这个民族的国民在少年时期所读的蒙学书籍是什么。

《三字经》《百家姓》《千字文》《弟子规》涵盖了我国古代蒙学读物的精华要义，具有浓厚的传统文化韵味。这些书的内容精简易懂，其行文抑扬顿挫，富有韵律，既适合中小学生诵读记忆，又能满足中小学生了解中国传统文化思想的需求。当然，我们反复要强调的是，在中国传统文化的学习继承中，“取其精华，去其糟粕”始终是应当坚守的原则。譬如《三字经》所宣扬的“君为臣纲，父为子纲，夫为妻纲”；《千字文》所乐道的“世禄侈富，车驾肥轻”，无不留有那个时代的烙印，必须对此有清醒的认识。

中华文化博大精深、源远流长，在今天全球化的背景下，中华文化是我们的精神家园。它滋养着我们，也塑造着我们。同时，我们也要意识到，当今社会所追求的自由、平等、民主、博爱、人权等普世价值在我们的传统文化中是缺失的，这是我们的文化处境。因此，在当今社会，我们更需要真诚的文化自觉，需要意识到中华文化的可资利用的元素，同时意识到它的局限性，在我们自觉的文化追求中，把我们自己培养成为在全球化时代具有人类意识和世界眼光的现代中国人。

有鉴于此，我们精心编写了这套面向中小学生的《名师导读

丛书》，力求在保证经典原汁原味的基础上，剔其糟粕，彰其精华，有意灌注新的文化血液，提升其时代意义。

这套书以中小学生为阅读对象，因此，书中相应的“国学故事”“文化常识”和“文化解读”都是以中小学生所拥有的知识背景为前提而编写的，不仅对于中小学生了解这些蒙学读本的原文、注释、译文有所帮助，更主要的是帮助中小学生理解原文中相应的中国传统文化的主要内涵。同时，可以让同学们在阅读本书时，与自己所学过的语文教材和历史教材的相关内容互为印证，提高同学们学习的兴趣。

总之，《三字经》《百家姓》《千字文》《弟子规》作为我国古代高度浓缩的中国文化读本，同学们应该了解其内容，掌握其知识，批判性地吸收中国古代传统文化的精髓，帮助我们成为具有现代观念的中国人，并使中华文化最终能够贡献于一个“基于生活质量而非个人财富无限积累的可持续性的文明”。

目　录

全书导读

《三字经》《百家姓》《千字文》合称“三百千”，是中国古代传统启蒙教材，知名度极高，影响所及，几乎家喻户晓，人尽皆知。

《三字经》作为“三百千”之首，称之为“经”，是最有代表性，也是影响最大的蒙学读物，被誉为“千古第一奇书”。

《三字经》相传是南宋王应麟所作，民国前期又略有增补，主要是续添了宋以后直至清末的一段历史叙述。

《三字经》之所以历久风行，一个很重要的原因，是它内容丰富，知识性强。《三字经》篇幅不长，全篇仅千余字，但就是在这有限的篇幅中，包含了十分丰富的内容。可以说《三字经》是“一部袖里通鉴纲目”。《三字经》以一千余字，历举中国文化义理历史典籍，实在是古代文化的一部小型百科全书。

《三字经》深得人们喜爱的一个更为根本的原因，还在于它的形式。它三字一句，句子短小，形式整齐，隔句押韵，读起来朗朗上口，听起来悦耳动听，儿童喜闻乐道；并且，它的前后句自然连贯，语义顺畅，浅显明白，通俗易懂，丝毫没有生拼硬凑的痕迹。在宋代之前，中国传统的启蒙读物，主要是用四言写成的。四字句是传统启蒙读物最主要的编写形式。而《三字经》用三言这样短小的句子来表达意思，而且通篇如此，还要押韵，这实在不是容易的事情。

《三字经》内容的排列顺序极有章法，体现了作者的教育思想。作者认为教育儿童要重在礼仪孝悌，端正孩子们的思想，知识的传授则在其次，即“首孝弟，次见闻”。训导儿童要先从小学入手，即先识字，然后读经、子两类的典籍。经部子部书读过后，再学习史书，书中说：“经子通，读诸史。”《三字经》最后强调学习的态度和目的。可以说，《三字经》既是一部儿童识字课本，同时也是作者论述启蒙教育的著作。

《三字经》具有识字、增长见闻和宣扬封建伦理道德观念，即传授知识与封建政治思想教育双重功能。《三字经》是中国启蒙教育传统的结晶，它的出现是传统启蒙教育长期积累的结果。正因为植根于这样丰厚的传统，它才得以厚积薄发，成为传统启蒙教材最具标志性和代表性的读本。

《三字经》作为我国古代一部高度浓缩的中国文化简史，同学们应该了解其内容，掌握其知识，对于中国古代传统文化进行批判性的吸收。

教子讀書

人之初，性本善……

导读

《三字经》开首四句：“人之初，性本善，性相近，习相远。”将孔孟有关人性论的基本思想和性与习的关系做了概述，被誉为：“立教之基，发端之始。”接着就提出教育问题，并以孟母教子、燕山义方作为具体事例来做说明，强调指出“养不教，父之过，教不严，师之惰”。不但对父母提出了要求，而且还列举了黄香温席、孔融让梨两个孝与悌的典型范例。将孝悌问题列为首位，是儒家以仁为本思想的主要体现。

人之初，性本善，①
性相近，习相远。②
苟不教，性乃迁，③
教之道，贵以专。④

译文

人刚生下来，本性都是善良的。每个人善良的本性都很相近，但后天形成的习性却相差很远。如果不加以适当地教导，善良的本性就会渐渐改变。教育要讲究方法，并且注重方法的始终一贯、坚持不懈。

注释

①初：初生，指人初生下来时。性：本性，天性。

②习：习染，指后天形成的习性、习惯。远：差别大。

③苟（gǒu）：如果。迁：变迁、变化。

④教：教导、培育。道：方法。贵：最宝贵的。这里指重视。专：专一，坚持不懈。

昔孟母，择邻处，[①]
子不学，断机杼。[②]
窦燕山，有义方，[③]
教五子，名俱扬。[④]

译文

从前，孟子的母亲为了让孟子有个好的学习环境，慎重地选择邻居安家。孟子逃学回家，孟母生气地割断正在织布的纱线，教育孟子要日积月累地进行学习。五代的窦燕山教育孩子有良好的方法，他所教育的五个儿子都很有成就，名声传播四方。

注释

①昔：过去，从前。孟母：孟子的母亲。择：选择。邻：邻居。处：居处。

②子：即孟子。不学：逃学或指不用心学习。断：剪断，割断。机杼（zhù）：织布机上穿引纬线的梭子。

③窦燕山：五代后周时人，因家居燕山脚下，故号燕山。义方：指好的教育方法。

④五子：窦燕山的五个儿子。俱：全都。扬：称颂、传播。

养不教，父之过，[①]
教不严，师之惰。[②]
子不学，非所宜，[③]
幼不学，老何为？[④]

译文

父母如果只是供养子女吃穿，却不好好教育他们，这是做父母的过错。老师如果不严格督促教导学生，就是老师懒惰失职。孩子如果不肯努力学习，就是很不应该的。年少时不用心学习，到老还能有什么作为呢?

注释

①养：养育。过：过失、错误。

②严：严格。惰：懒惰，责任心不强。

③非：不是。宜：应该、适当。

④幼：年少时。老：年老时。何为：做什么，怎么办。

玉不琢，不成器，①

人不学，不知义。②

为人子，方少时，③

亲师友，习礼仪。④

译文

玉石如果不经过仔细的打磨，就不能成为精美有用的器具。人如果不学习，就不会明白做人处世的道理。做子女的从小就要多亲近良师、结交益友，并学习待人处事的礼仪。

注释

①琢：以雕刻或磨的方式加工玉石。成器：制作成精巧的

器物。

②义：道理，应当遵循的行为规范。

③为：做。方：正当。少时：年少的时候。

④亲：亲近，尊敬。礼仪：礼貌、礼节。

香九龄，能温席，①
孝于亲，所当执。②
融四岁，能让梨，③
弟于长，宜先知。④

译文

黄香九岁的时候，就懂得在冬天要替父母暖被子。这种孝顺父母的行为，是每个子女都应该做到的。孔融四岁的时候，就知道把大的梨让给哥哥吃，自已吃小的梨。这种尊敬兄长的道理，是每个人从小就应该知道的。

注释

①香：黄香，东汉时江夏人。九龄：九岁。温：使……变得温暖。席：席子，睡觉时铺垫的草织物。

②亲：父母。当：应该。执：做到。

③融：孔融，东汉末鲁国人，著名文学家。让：礼让、谦让。

④弟（tì）：同“悌”，指弟弟敬爱哥哥。长（zhǎng）：兄长。宜：应该。

国学故事

1. 昔孟母，择邻处，子不学，断机杼。

孟子小的时候父亲就去世了，母亲带着他艰难度日。开始他们在墓地附近住，孟子很调皮，经常和小伙伴玩办理丧事的游戏。孟母看见了，认为这很不好，就搬到集市附近居住。孟子又学着商人做生意，孟母知道了，认为这附近也不适合孟子居住。于是，孟母又把家搬到学校附近。这之后孟子跟着学校里的学生读书认字，开始变得守秩序，懂礼貌，喜欢读书了。这时候，孟母才认为学校是孟子应该住的地方。

有一次孟子逃学回家，孟母气得当着他的面将织布机上织了一半的布匹割断，并且教育他说："求学就像织布一样，必须将纱线一条一条织上去，连成寸后才能积成尺，最后才能织成一匹完整有用的布。如果像现在这样半途而废就前功尽弃了。"听了母亲的话，孟子认识到自己错了，自那以后，他坚持苦读，做事有始有终，终于成了天下闻名的人。

2. 窦燕山，有义方，教五子，名俱扬。

窦禹钧是五代后周时候的人，住在蓟州，因为那个地方地处燕山脚下，所以人们称他为窦燕山。窦燕山有五个儿子，他十分重视对儿子的教育，从小教他们学习古代圣人的思想，还有在社会上生活的态度和方法。他的五个儿子在他的教导之下，都对社会作出了不少的贡献，乡里的人无不称颂，为此窦禹钧和他五个儿子的名声传遍了全国。当时的太师冯道还特地写了首诗来赞扬他们："燕山窦十郎，教子以义方；灵椿一株老，丹桂五枝芳。"后人就用"五子登科"来寄托子弟像窦家的五个儿子那样获取功名的美好希望。

3. 玉不琢，不成器，人不学，不知义。

晋朝时，义兴有个年轻人叫周处，从小爹娘都死了，因此无人管教，他虽然天生有豪侠气度，但常在乡里打架闹事，无恶不作，村里人见了他就像碰到毒蛇猛兽般，总是躲得远远的。

有一次，有人告诉他说："现在义兴的山里有一只吃人的老虎，河里有一条吃人的蛟龙，它们害死了很多人……"周处便说道："老虎、蛟龙有什么可怕的，让我来消灭它们。"于是，周处跑到山上，寻找那只吃人的老虎，把老虎打死了。接着他又跑到河里，与河中的蛟龙打斗，打了三天三夜，终于把蛟龙给杀了。

村里的人们见周处很久还没有回来，以为他被老虎或蛟龙吃掉了，高兴地敲锣打鼓，庆祝了起来。没想到周处兴高采烈地回来了，听到百姓们说除掉了三害，正高兴地庆祝，才明白自己是三害之一。周处为此感到很惭愧，很内疚：因为自己平时胡作非为，使得百姓们把自己也当成了一害。因此，他下定决心改过，重新做人。后来，他拜了陆云为师，努力读书，终于做了大官，为百姓做了很多善事。周处的故事恰好说明了《三字经》中"玉不琢，不成器，人不学，不知义"的道理。

4. 融四岁，能让梨，弟于长，宜先知。

孔融，东汉末年鲁国人，是孔子的二十世孙。他天性淳厚，从小就懂得谦让。四岁时，与兄长吃梨，父亲叫孔融先挑一个吃。孔融挑了一个最小的。他的父亲觉得很奇怪，问他："孩子，你为什么不挑大的梨子呢？"孔融回答说："我的年纪最小，应该吃最小的；哥哥年纪比我大，应该吃大的。"宗族中的人知道这件事后，都对他另眼相看。这故事被用作儿童教育的好教材，成为千古美谈，它美就美在孔融小小年纪便有如此谦让的风度。

5. 香九龄，能温席，孝于亲，所当执。

黄香是东汉江夏人，从小就非常孝顺，地方上的人都称他为“小孝子”。九岁时母亲去世后，他对父亲更加孝顺，每天抢着做比较费体力的工作，好让父亲有更多休息的时间，想方设法让父亲过得舒适一些。夏天天气炎热，蚊虫又多，黄香知道父亲怕热，常热得睡不着觉，又被蚊子叮咬。因此，每天晚上父亲就寝前，黄香就先用扇子把枕头和席子扇凉，把蚊子赶走，再请父亲去睡。到了寒冷的冬天，黄香怕父亲受冻，就先躺进冰冷的床铺，温暖了被窝、席子，然后请父亲上床安歇。

他的孝行传遍了整个京城，无人不知，无人不晓，他还能写文章，当时京师流传着一句赞美他的话——“天下无双，江夏黄童”。当时的江夏太守听说了他的事，觉得他的品行非常难得，便上表请皇帝表扬黄香的孝行。“冬月温衾暖，炎天扇枕凉，儿童知子职，千古一黄香。”是后人对黄香敬重的赞美诗。

文化常识

儒家的“人性论”

古代思想家都非常重视对人性的认识，因为他们把对于人性的认识作为教育的起点：有什么样的人性观，就有什么样的教育思想。因此，《三字经》的起始就谈人性的问题，由“人之初，性本善，性相近，习相远”再引发出教育的问题。可见，古代思想家认为人性对教育是如何地重要。因此，了解古代思想家的“人性论”，对于理解他们的思想是非常重要的。

孔子的“人性论”

孔子初创儒学时，并没有提出人的本性是“善”还是“恶”的问题。《论语·子罕》中说：“子罕言命与利与仁。”命即性，就是人性，孔子很少谈人性的问题。《论语·公冶长》记载他的学生子贡的话说：“夫子之文章可得而闻，夫子之言性与天道不可得而闻。”这里也提到孔子很少谈人性的问题。

但这并不是说孔子不重视人性的问题，他认为人是“性相近，习相远”的，人的本性都是很相近的，但后天形成的习惯却相差很远。孔子虽然没有明说人的本性是善的，但其含义已是倾向于人的本性近于善。当然，孔子这句话的含义在于强调后天的教育所形成的“习”，教育的不同与好坏，所造成的“习相远”才是孔子更加重视的方面。因此，儒家对教育的重视是源于孔子对教育作用的深刻认识。

孟子的“人性善”

我国最先主张“性善论”的是战国中期的孟子，他是孔子学说的继承人和发展人，被后人称为“亚圣”。他认为人生来就具有天赋的“善端”，这是人不同于禽兽、高于禽兽的本质特征。因为天赋人心是善的，所以人性也是善的。

孟子认识到道德观念的形成与后天的培养有一定关系。人心有着与生俱来的善端，但要保持并发展这种善端，就必须存心、养性；存心就是存养这些善端，养性就是培养这种善端，使其不断发挥完善。因此，孟子的教育方法强调内心的自我修养，被称之为“内发论”。

孟子的性善论作为儒家的正统思想，传播广泛，影响深远，以至《三字经》开篇就云：“人之初，性本善。”

荀子的“人性恶”

我国最先主张“性恶论”的是战国中期的荀子。荀子认为，人生来其本性是恶的。他认为，由于人人都有欲望追求，这是本性中自有的，这种对物质利益的追求就决定了人的本性是恶的。当然，荀子认为后天的教育可以使人的本性由恶变善，因此，荀子同样是继承了儒家强调教育作用的传统，但是，与孟子“性善论”所引发的教育方法不同，荀子认为，由于人性是恶的，因此，特别需要外部的教育力量对“人性恶”的纠正。荀子的教育方法被称之为“外铄论”，正好与孟子的“内发论”形成鲜明的对比。

荀子本人是儒家的继承者，他强调教育的作用。但荀子的两个著名的门徒李斯、韩非子，却从“性恶论”走向了“法家”。李斯、韩非子是性恶说的坚定支持者，尤其韩非子，更是坚定地认为人性本恶，只有靠外部的严刑峻法来规范人们的行为。

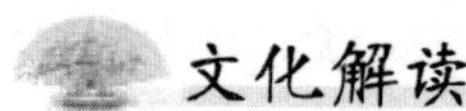

文化解读

中国古代对教育的重视

中国古代教育是灿烂辉煌的中国古代文化的一部分，是中国古代文化赖以延续和发展的基础，是中国古代文化不断创新的动力。古代中国，视教育为民族生存的命脉。我们的祖先早在五千年前就开始了有组织的教育活动。中国古代教育的起源，可以追溯到夏、商、西周以前。传说中的伏羲、神农、黄帝、尧、舜等，都十分重视教育。

西周时期不仅有国学，还有乡学；不仅有大学，还有小学；不仅有宫廷教育，还注意幼儿教育，逐渐形成了一个以礼、乐、射、御、书、数为主体的“六艺”教育体制。春秋战国时期，“私学”作为一种新兴的教育形式开始发展起来，出现了像孔子、孟子、墨子、荀子等一批民间私学大师。《学记》与《大学》就是这一时期丰富的教育经验与教育理论的总结，成为世界上最早出现的自成体系的古典教育学专著，奠定了中国古代教育的基础。

西汉时，中国有专门传授知识、研究学问的太学，作为中国当时的最高学府，与西方的雅典大学、亚历山大大学等同为世界上最古老的高等学校。

唐代时，建立了从中央到地方完备的学制体系，中央设国子监总辖各学。国子监既是大学，又是教育行政管理机构，下设国子学、太学、四门学、书学、算学、律学。地方官学有京都学、都督府学、州学、县学。

宋代书院比较发达，书院原为藏书、校书之地，或私人治学、隐居之地。宋代书院将教育、教学和学术研究结合起来，成为著名学者授徒讲学、培养人才的地方。比较著名的有江西庐山的白鹿洞书院、湖南衡阳的石鼓书院、河南商丘的应天府书院、湖南长沙的岳麓书院、河南登封的嵩阳书院、江苏江宁的茅山书院等。

明清以来，我国学校教育和社会教育发生了巨大变化，吸收西学成为第一要务，学校建制、教育思想大不同于古代。一百多年前，就开始有了近代化的大、中、小学。从此，中国教育走向了全新的发展阶段。

我国古代重视教育的实例有很多，其中以“武训兴学”最为典型，它切实反映了我国自古以来重视教育的优良传统。

清朝时山东省堂邑县，有一个名叫武七的乞丐，他用行乞、做杂工省吃俭用所存下来的钱，买土地办学堂，因为办学有成，人们为他取名训。

武训七岁时父亲就去世了，和母亲行乞为生，生活虽然过得辛苦，但还有母亲相依为命，日子倒也踏实。失去母亲后，他孤单一人，便四处帮人打杂。武训一点也不在乎生活困苦，最让他难过的是，不能和一般小孩一样到私塾中读书识字。

武训从困苦中体会到读书的重要，因为自己没读书不识字，无法有大作为，所以他决心要办义学，让穷人家的小孩也能读书，不愿别人再像自己一样，因为没钱而错失了学习的机会。于是他白天乞讨，晚上搓麻绳，经过三四十年的努力，武训的学堂——“崇贤义塾”果然兴办起来，嘉惠了许多学子。

武训十分关心学生的课业，对老师更是敬重。但是如果遇到不认真教书的老师和不用心学习的学生，他就跪在他们面前，请求他们要各尽本分，好好努力，因此师生都大受感动，不敢懈怠。武训办学的精神感动了许多人。

总而言之，中国古代对教育非常重视。《学记》中说“建国君民，教学为先”，更有“万般皆下品，惟有读书高”“百年大计，教育为本”的说法，这些无不体现了中国对教育作用的理解。

导读

明确了教育的作用之后，接下去就是有关学习的论述。“首孝弟，次见闻”，这规定了学习的顺序，“孝弟”是做人的根本，“见闻”是在“孝弟”的基本上增长。“见闻”从识数开始，对“一而十，十而百，百而千，千而万”几个基数一一做了交代，并把从三到十的几个数中所涉及的一些基本知识，如从“三才”“三光”“三纲”“四时”“四方”“五行”“五常”“六谷”“六畜”“七情”“八音”“九族”到“十义”一一做了表述，既识数，又认字，既有知识，又有道义，充分体现出“文以载道”的重要教育原则，展示了《三字经》“袖里乾坤”增广见闻的特点。

首孝弟，次见闻，①
知某数，识某文。②
一而十，十而百，③
百而千，千而万。

译文

做人首先要学的是孝顺父母、友爱兄弟，其次才是学习看到的和听到的知识。要学会数目加减计算，要学习认读文字、阅读文章。这样从一到十，十十相加成百，十百变为一千，十千能成一万。

注释

①首：首先，首要的。孝弟：孝顺父母，友爱兄弟。“弟”同“悌”。次：其次。见闻：见识到与听说到的知识。

②数：数目，算术。识：认识、了解。文：文字、文章，也可以当作学问的统称。

③而：到，有变化而成的意思。

三 才 者，天 地 人，[①]
三 光 者，日 月 星。[②]
三 纲 者：君 臣 义，[③]
父 子 亲，夫 妇 顺。[④]

译文

古人所说的“三才”是指天、地与人。古人所称的“三光”是指日、月和星辰。古人提出的“三纲”要求君王与臣子各尽职守，父母与子女相亲相爱，夫妇之间和睦相处，互相尊重。

注释

①三才：即天、地、人。

②三光：即日、月、星。

③三纲：纲，指纲领，法则。“三纲”是封建时代君臣、父子、夫妻之间应遵守的三个行为准则，即“君为臣纲，父为子纲，夫为妻纲”。义：应当遵守的规矩法度。

④亲：亲近、亲爱。顺：和顺、和睦。

曰 春 夏，曰 秋 冬，[①]
此 四 时，运 不 穷。[②]
曰 南 北，曰 西 东，[③]
此 四 方，应 乎 中。[④]

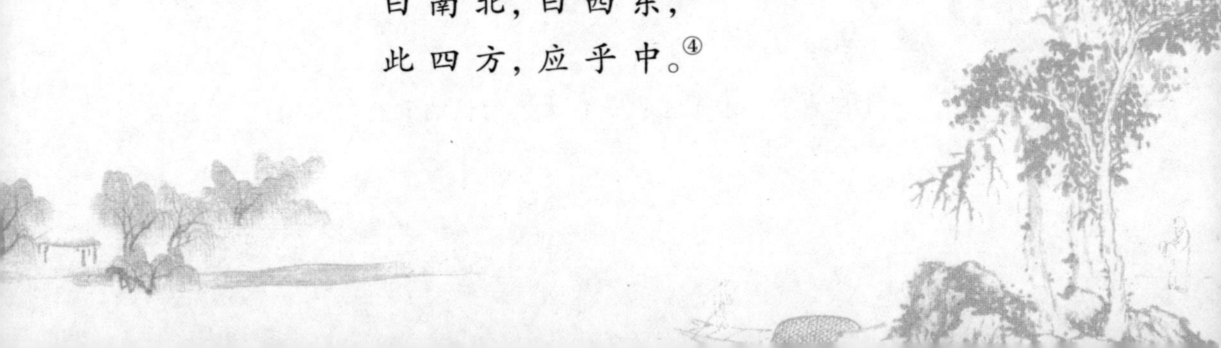

译文

春、夏、秋、冬是一年的四个季节，这四个季节循环交替，运行不止。东、西、南、北是四面的方位，这四个方位都是与中央点相对应而确定的。

注释

①曰：叫做，谈到。春夏、秋冬：指春夏秋冬四季。

②时：季节。运：运行。穷：穷尽，终止。

③南北、西东：指东西南北四个方位。

④应：对应、相应。中：中央，是指东西南北四个方位以中央为基准相互对应。

曰水火，木金土，①
此五行，本乎数。②
曰仁义，礼智信，③
此五常，不容紊。④

译文

金、木、水、火、土是中国古人所称的“五行”，五行相生相克是由自然的天理决定的。仁、义、礼、智、信被称作“五常”，是做人的五条准则，不容许紊乱违背。

注释

①曰水火，木金土：是指古人所说的五行（xíng）。我国古

代思想家提出金生水、水生木、木生火、火生土、土生金的“五行相生”，和金克木、木克土、土克水、水克土、火克金的“五行相克”学说，认为金、木、水、火、土这五种常见物质，是构成宇宙万物不可缺少的基本元素。

②本：本源，根本。数：天数，天理。

③仁：指爱心等善良品德。义：应该遵守的道义。礼：礼仪、礼节。智：才智，道理。

④五常：仁、义、礼、智、信这五种道德法则。常，常规，准则。容：容许。紊（wèn）：紊乱，改变。

稻粱菽，麦黍稷，[①]
此六谷，人所食。[②]
马牛羊，鸡犬豕，[③]
此六畜，人所饲。[④]

译文

稻子、小米、豆类、小麦、黍米和高粱，合成“六谷”，是人类生存的食粮。马、牛、羊、鸡、狗、猪，被称为“六畜”，是人类所饲养的动物。

注释

①稻：指水稻。粱：即谷子，去壳后叫做小米。菽（shū）：大豆，也泛指豆类。麦，指麦子。黍（shǔ）：即黍米，有红、白、黄、褐色四种。稷（jì），指高粱。

②谷：粮食作物的总称。

③犬：狗。豕（shǐ）：猪。

④畜：人饲养的牲畜。饲：喂养、畜养。

曰喜怒，曰哀惧，[①]
爱恶欲，七情具。[②]
匏土革，木石金，[③]
丝与竹，乃八音。[④]

译文

高兴、生气、悲伤、害怕、喜欢、讨厌及欲望，是人天生的七种感情。中国古代称用匏瓜、黏土、皮革、木头、玉石、金属、丝弦、竹管等八种材料制成的乐器为“八音”，是乐器的总称。

注释

①喜：高兴。怒：生气。哀：悲伤。惧：恐惧。

②爱：喜欢。恶（wù）：憎恨、讨厌。欲：欲望，贪念。七情：是指喜、怒、哀、惧、爱、恶、欲七种情绪。具：备有。

③匏（páo）：匏瓜，形状像葫芦，古人常用匏瓜制成乐器，如笙、竽。土：黏土，指用黏土烧制而成的乐器，如埙（xūn）。革：皮革，指用皮革制成的乐器，如鼓。木：木头，指用木头制成的乐器，如柷（zhù）。石：玉片或石片，指用玉石制成的乐器，如石磬（qìng）。金：金属，指用金属制成的乐器，如钟、铜锣。

④丝：丝弦，指利用丝弦发声的乐器，如琵琶、琴、瑟。

竹：竹管，指利用竹管发声的乐器，如箫、笛子。音：原为声音，此指乐器。

高曾祖，父而身，①
身而子，子而孙，②
自子孙，至玄曾，③
乃九族，人之伦。④

译文

由高祖父生曾祖父，曾祖父生父亲，父亲生我本身，我生儿子，儿子再生孙子，由自己的子孙，再生曾孙、玄孙，从高祖父到玄孙称为“九族”，这“九族”代表着人类的长幼尊卑秩序和家族血统的承续关系。

注释

①高：高祖，祖父的祖父。曾：曾祖，祖父的父亲。祖：祖父，父亲的父亲。父而身：从父亲到自身。

②子：儿子。孙：孙子，儿子的儿子。

③玄：玄孙，自身以下第五代。曾：曾孙，孙子的孩子，自身以下第四代。

④九族：九代的直系亲属，包括高祖、曾祖、祖父、父亲、自己、儿子、孙子、曾孙、玄孙。伦：辈分，排列次序。

父子恩，夫妇从，①
兄则友，弟则恭，②

长幼序，友与朋，[3]
君则敬，臣则忠，[4]
此十义，人所同。[5]

译文

父子之间要有恩情，父对子要慈爱，子对父要孝顺；夫妻之间的感情要和顺，哥哥对弟弟要友爱，弟弟对哥哥则要尊敬。年长的和年幼的交往要注意长幼尊卑的次序；朋友相处应该互相守信用和讲义气。君主对大臣要尊重，臣子对君主要忠诚。前面提到的这十义：父慈、子孝、夫和、妻顺、兄友、弟恭、朋信、友义、君敬、臣忠，是人人都应遵守的，千万不能违背。

注释

①恩：恩情。从：顺从，和顺。

②则：应该、必须。友：友爱。恭：恭敬。

③长：长辈。幼：晚辈。序：次序。友：志趣相投的人。朋：志同道合的人。

④敬：敬重、尊重。忠：忠心、忠诚。

⑤义：义理，指应当遵守的道德伦理关系和行为准则。

国学故事

1. 舜之孝悌

史书记载，舜是一个非常孝顺的人。舜的父亲瞽叟是个盲人，舜的母亲在舜年幼的时候就去世了。舜的父亲后来又娶了一

位妻子，也就是舜的后母，后母的性情很不好，对舜不仅不疼爱，还百般刁难他。不久，后母生了一个儿子名叫象，父亲和后母非常溺爱象。虽然平时舜很孝顺父母、友爱年幼的弟弟，但是后母和弟弟却很讨厌舜，而父亲又只听后母与象的一面之词，常常是非不分，对舜又骂又打。

由于父亲身体不好，加上弟弟又年幼，所以舜在很小的时候，就在历山下独力耕田养活全家。传说舜的孝心感动了天，连大象都来帮他耕田，鸟儿飞来为他锄草。即使如此，舜的父亲、后母和弟弟依然不喜欢舜，常常找机会陷害他，有时甚至差点让他丧失了性命。

舜深知自己的处境，总是处处小心，对于他们的屡次陷害，总是设法躲避过去，一点也不放在心上。他对于发生在自己身上的事情从不感到怨恨，默默承受着一切不合理的对待，相反的，他还想尽办法取悦父母，使他们高兴。因为舜的这种德行实在难能可贵，所以当舜二十岁时，他就以大孝而声名远播。后来，贤明的尧帝在寻找继位的英主时，大家纷纷推荐舜。尧认为舜有高尚的德行和非凡的智慧，于是就让舜来继承帝位。

2. 后稷稼穑（jià sè）

后稷，是上古时代的一位能人。稼穑，是播种和收割庄稼。“后稷稼穑”是说后稷懂得农业，教授老百姓种庄稼的故事。

古书记载，周代的先民后稷，名字叫弃，他的母亲叫姜原。姜原在野外发现一个巨人的脚印，心里很愉快，就去踩了这个脚印，因此而怀孕，怀胎满月后顺利生下一个男孩。但她认为这个孩子不吉利，把孩子扔在巷道上，牛马从他旁边过都不踩他；把孩子抛弃到山林里，赶巧那里人多，不能当众扔孩子；换个地方，把孩子扔在河沟的冰面上，可是被空中的鸟儿看见了，立刻飞下来用翅膀垫在孩子身下。姜原感到儿子很神奇，就抱回家把他养大了。因为最初想抛弃，所以给他取名弃。

后稷自幼就有抱负，玩游戏的时候喜欢栽麻种豆，他种的麻和豆子都长得很好。后稷长大了，更爱好农耕，他教百姓干农活，使周代先民脱离了逐水草而居的游牧生活，进入了定居耕作的农业时代。后稷还懂得土壤的性能和庄稼的习性，百姓争相向他学习。部族联盟的首领帝尧听说了，就推举他当掌管农业的负责人。后稷对当时社会进步作出了很大贡献。

古书《山海经》和《尚书》记载了一个神话，说后稷从天上拿来百谷的种子撒播人间，结出丰硕的果实，繁荣了农业。后稷死后安葬在山水环绕的地方。那里有三百亩良田，五谷丰登。有仙女弹琴，鸾凤歌舞，百兽和睦相处，草木四季常青。象征着后稷和他领导的先民，用智慧和勤劳创造了人间乐土。后稷稼穑的神话，寄托了中国古代先民歌颂劳动、创造，向往和平、幸福的理想。

3. 乐之传说

对古代中国人来说，音乐是联系天神的工具。音乐不仅用来享受和娱乐，也是调解天地关系的神圣礼节。中国乐器的发明时间很早，《诗经》中就经常提到各种乐器。根据史书记载，伏羲作瑟，女娲作箫，伶伦作钟，神农作五弦琴。

黄帝命伶伦制作乐律，定十二律（十二个音阶）。伶伦在西山找到了粗细适中的竹子，用其中最结实的竹子削成竹笛。当他吹着自己做的笛子时，突然有几只凤凰降落在他身边的树上，公凤首先唱了起来，它的第一个音与伶伦竹笛发出的声音相同，接着又唱了五个音，伶伦很快地削出能发出这五个音的笛子。母凰唱了六个音，伶伦赶忙削出这六个音的竹笛。伶伦把十二支笛子

按音序排好，就完成了十二律。为了永久地保存这十二个音，黄帝下令铸造十二个能准确呈现笛音的铜钟，之后，所有乐器的音阶都必须与铜钟相符。

黄帝除了命伶伦作钟外，在与蚩尤的战争中，为了提升士气，也曾制作一个特别的战鼓，并亲自擂鼓来提振军威。这鼓是用住在东海的名叫“夔（音奎）”的怪兽的皮晾干后做成的，鼓槌则是雷神身体里最大的一根骨头。当黄帝擂起这特别的战鼓时，声传五百里外，天地为之变色。此外，黄帝在泰山会合天下鬼神时，曾制作名为《清角》的乐曲，这首曲子气势万钧，能“惊天地、泣鬼神”，是真正天上的乐曲，凡人是听不得的。而黄帝在打败蚩尤之后，为了庆祝胜利，又作了一部《枫鼓曲》，也是气势非凡的乐曲。

4. 声振林木

传说古时秦国有两位唱歌很出色的人，一位叫薛谭，一位叫秦青。最初，薛谭投拜秦青为师，向他学习不用乐器伴奏的歌唱技艺。几年后，薛谭的歌唱水平达到了很高的境地，但实际上还没有把秦青的唱技全部学到手，更不用说到炉火纯青的境界了。而薛谭却自认为已经把老师的本事全部学到手了，再没有什么可学的了，于是就向秦青告辞。秦青没有挽留薛谭，也没有对薛谭的歌唱技艺作任何评价，而是在城郊大道的交汇处设酒席为薛谭送行。秦青挥手击节，引吭高歌，宏亮的歌声使周围的林木随之振动；高亢的声浪冲上天空，蓝天中飘行的云朵为此静止不动。老师的一曲高歌使薛谭惊讶得半天说不出话来，他满脸羞惭，向老师道歉，恳切要求留下来继续学习。从此，薛谭一直伴随着秦青，再没有提出告辞离去的要求。

5. 夫妇之德

许允，三国时人。他的妻子姓阮，长相十分丑陋。拜堂后许允竟然嫌弃妻子的外貌，不肯踏入洞房，让家人深以为忧。正巧桓范来拜访，许允妻说："不必忧心，桓范一定可以劝他入洞房的。"果然，桓范告诉许允："阮家既然把长相丑陋的女儿嫁给你，一定有很深的用意，你应该用心观察、了解。"

许允听完便回到房内，一见到新婚妻子，转身就想离开。许允妻知道他一出房门，就不会再进来了，于是就拉住他的衣襟。许允原本想为难妻子，于是问："妇女应具备四种美德（妇德、妇功、妇言、妇容），你有其中几种呢？"许允妻回答："我缺少的只是容貌罢了！但是一个读书人必须具备许多美德，夫君具备几种呢？"许允自傲地说："都具备。"许允妻说："百行中最重要的是德，夫君你好色不好德，怎么能说都具备呢？"许允听了感到非常惭愧，从此对妻子十分敬重。

文化常识

有趣的数字文化

中国文化博大精深，我们的祖先早在几千年前就认识到了这一点，为了让我们的子孙后代能轻松简单地记住，他们将文化与数字结合在一起，形成了有趣的数字文化。《三字经》里做了形象的描述，小朋友们都知道吗？我们一起来看看。

三才：天、地、人。上天高高在上，大地在我们脚下，中间就是我们人类。

三纲：纲，原指提网的总绳，这里是指君王对臣子、父母对孩子、丈夫对妻子有支配权，而臣子对君王、孩子对父母、妻子对丈夫只有绝对服从的义务。所以古代有“君为臣纲，父为子纲，夫为妇纲”的说法。

四季：春、夏、秋、冬四季。我国大部分地区四季分明，这对我国的农业生产有很大的好处。

四方：东、西、南、北四个方向。这是方位的基本知识。

五行：金、木、水、火、土。它们是五种构成物质世界不可缺少的最基本物质，物质世界是这五种最基本物质之间的相互滋生、相互制约的运动变化而构成的。金，代表坚固和凝固；木，代表生的功能和根源；水，代表流动，具有循环和周流的意思；火，代表热能；土，代表地球本身。行，代表运动，用现在的解释有动能的意思。五行是说这五种物质是相互变化、相互影响的，这种变化和影响就是“相生”和“相克”。所谓“相生”即滋生、助长、促进的关系；所谓“相克”乃是克制、压抑、排斥、约束的意思。

五常：仁、义、礼、智、信。这是人的五种美德，即仁爱、义气、礼仪、智慧、诚信。

六谷：指稻子、小米、豆类、小麦、黍米和高粱。这六种谷物是供人类维生，被人食用的主要粮食。

六畜：指马、牛、羊、鸡、狗、猪。这六种动物被人类饲养在家中。

七情：指高兴、生气、悲伤、害怕、喜欢、讨厌及欲望，是每个人天生的七种情绪。

八音：中国古代称用匏瓜、黏土、皮革、木头、玉石、金属、丝弦、竹管等八种材料制成的乐器为“八音”。

九族：从高祖、曾祖、祖父、父亲、自己、儿子、孙子、曾孙到玄孙，就是古人所说的九族。包含自身的上四代及下四代，是我们的直系血亲，和自己关系最为密切。九族代表着人类长幼尊卑的秩序和家族血统承续的伦常关系。

高祖→曾祖→祖父→父亲→自己→儿子→孙子→曾孙→玄孙

十义：是指父子之间要有恩情，父对子要慈爱，子对父要孝顺；夫妻之间应该互相尊重体谅，和睦相处；兄弟姐妹之间，当哥哥姐姐的应该爱护弟弟妹妹，做弟弟妹妹的也应该恭敬地对待哥哥姐姐；长辈、晚辈之间要有伦理次序，朋友相处也要诚实互信；君王对臣子应该要尊重，臣子对君王应该忠贞不贰。古人把这些内容概括为“十义”，即父慈、子孝、夫和、妻顺、兄友、弟恭、朋信、友义、君敬、臣忠。

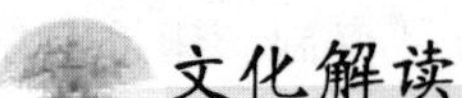

文化解读

一部袖里通鉴纲目

中国古代儿童增长见闻的主要载体是蒙学教材。蒙学教育作为古代教育的重要组成部分，担当着教育儿童成才的重任。中国古代蒙学教材中所反映的中国传统文化精神概括起来主要有以下几个方面：人本精神、自强不息的拼搏精神、道德意识和伦理精神。

第一，人本精神。中国先哲认为，在宇宙万物的发生和发展过程中，人在自然界中具有崇高地位。儒家学说认为“天道即人

道，知天更要知人”。无论是孟子的“性善论”，还是荀子的“性恶论”，都是以人作为中心加以认识的。这种以人为本的精神在许多蒙学教材中都有体现，并在此基础上进一步生发并展开，如《三字经》中的“人之初，性本善，性相近，习相远”。

第二，自强不息的拼搏精神。中国传统文化中的自强不息的精神，增强了中华民族的凝聚力和向心力，培养了中华民族自强自立、勤奋拼搏的精神，是中华民族负重前行的精神力量，也成为中国文化的优良传统。这种伟大的精神在中国古代蒙学教材中也有反映，如《三字经》中的“如负薪，如挂角，身虽劳，犹苦卓”。

第三，道德意识。中华民族素以文明之邦著称于世，这显然与中国文化之崇尚道德的传统有着密不可分的联系。儒家学说认为道德对社会和人民都有着重要的影响，这种影响涉及行为评价标准、教育的内容、国家兴衰的标志等，于是作为中国崇德传统的奠基人物——孔子、孟子，提出了“仁、义、礼、智、信、温、良、恭、俭、让、忠、恕、孝、悌”等一整套伦理原则和道德规范。这一套道德标准影响了中华民族几千年，几乎在每一部史著中都可以看到上述内容的全部或局部。作为以蒙童为主要阅读对象的中国古代蒙学教材，更是突出了儒家学说的这种道德意识和伦理标准。

反映在中国古代蒙学教材中的伦理精神和道德意识主要体现在以下几个方面：

忠孝：儒家思想是以忠孝为核心的。所谓“仁、义、礼、智、信”“温、良、恭、俭、让”“忠、恕、孝、悌”都是从不同侧面诠释着以“忠孝”为中心内容的思想道德文化体系。“为臣者忠，为子者孝”的思想在中国古代蒙学教材中占有重要位置。《三字经》中有：“香九龄，能温席”“融四岁，能让梨”

“三纲者：君臣义，父子亲，夫妇顺”“父子恩，夫妇从，兄则友，弟则恭，长幼序，友与朋，君则敬，臣则忠，此十义，人所同”。

劝学：劝学的内容在中国古代蒙学教材中所占比例是相当大的。《三字经》中从“昔仲尼，师项橐”到“蚕吐丝，蜂酿蜜，人不学，不如物”的三十七句，几乎都是劝学的内容。

《三字经》作为中国古代蒙学教材的典型代表，是中国传统文化的重要载体，无处不闪耀着中国传统文化的光辉。《三字经》除了内容和形式上的特点以外，鲜明的思想性和文化性也是一个不容忽视的原因。因此，《三字经》不愧为一部袖里通鉴纲目。

常讀論語

凡训蒙，须讲究……

导读

学习是有阶段性的，《三字经》对儿童的教学内容做了由浅入深的学习安排：先从学习“三百千”这些蒙学教材和朱熹所编的《小学》一书开始，学习识字，更从中学习“洒扫、应对、进退之节，礼、乐、射、御、书、数之文”，以及“事亲、敬长之理”等等，给为学和为人打好基础。尔后，才开始读“四书”“六经”以及诸子和史学等书，包容了经、史、子、集的多方面的内容。有的需要精读，如对“四书”“六经”的学习，就要做到熟读和明理；有的只需要略读，如对诸子的学习，能达到“撮其要，记其事”就可以了。

凡训蒙，须讲究，①
详训诂，明句读。②
为学者，必有初，③
小学终，至四书。④

译文

幼童的启蒙教育必须特别注重教学的方法，老师要仔细明白地把每一个字的含义讲解清楚，并且教导学生读书时标点断句的技巧。读书研究学问的人，必须要具备良好的基础，先把有关字形、字音、字义方面的基础学好了，再进一步去研读《大学》《中庸》《论语》《孟子》等书。

注释

①训：教育指导。蒙：小孩刚开始读书识字叫蒙。讲究：讲解、探究其中的道理。此指注重教学方法。

②详：明白。训诂：解释字义。句读（dòu）：断句。古书中没有标点符号，读书时，文句停顿的地方，句意完整的叫“句”；不完整而稍做停顿的叫“读”。

③为学者：学习的人。

④小学：指宋代朱熹等人为儿童编写的礼仪知识读本。四书：指《论语》《孟子》《大学》《中庸》。南宋时，朱熹将《礼记》中的《大学》《中庸》拿出来单独成书，与《论语》《孟子》合为“四书”。

《论语》者，二十篇，①
群弟子，记善言。②
《孟子》者，七篇止，③
讲道德，说仁义。④

译文

《论语》这本书共有二十篇，是孔子的弟子和再传弟子记录的有关孔子及其弟子有启迪和教益的言论。《孟子》这本书是孟轲所作，共分七篇，内容也是有关品行修养、发扬道德仁义等优良德行的言论。

注释

①论语：书名，是孔子的弟子和再传弟子辑录孔子及其一些弟子言行、思想的一本书，共分为二十篇。

②记：记载。善言：有启迪、教益的言论。

③孟子：书名，记录孟子及其弟子言论行为，讲述道德仁义等儒家思想，总共七篇。

④仁义：仁爱正义，宽厚正直。

作《中 庸》，子 思 笔，[1]
中 不 偏，庸 不 易。[2]
作《大 学》，乃 曾 子，[3]
自 修 齐，至 平 治。[4]

译文

写《中庸》这本书的是子思，书名的“中”是要人不偏斜、行中道，“庸”是要人不变不易。写《大学》这本书的是曾子，书中内容叙述了从修身、齐家开始，到治国、平天下的道理。

注释

①中庸：原是《礼记》篇名，后抽出与《论语》等著作合编为四书，相传是孔子的孙子孔伋（子思）所作，共二十三篇。

②中不偏：“中”的意思是不偏不倚。庸：平常。易：改变。“中庸”是说个人修养要做到平和适度，为人处世不偏不倚。

③大学：原是《礼记》中的篇名，后抽出与《论语》等著作合编为“四书”，相传是孔子学生曾子（曾参）所作。

④修齐：修身、齐家的简称。平治：治国、平天下的简称。本为“治平”，因押韵而改为“平治”。

《孝 经》通，四 书 熟，①
如 六 经，始 可 读。②
《诗》《书》《易》，
《礼》《春 秋》，③
号 六 经，当 讲 求。④

译文

把“四书”读熟了，《孝经》的道理弄明白了，才可以开始阅读“六经”那样深奥的书。《诗经》《尚书》《礼记》《易经》《春秋》号称“六经”，这是儒家的重要经典，应该好好地研究，探求其中的道理。

注释

①孝经：书名。儒家经典之一，共十八篇，内容是阐述以孝道治天下的道理。通：通晓明白。四书：指《论语》《孟子》《大学》《中庸》。熟：熟悉。

②如：像。六经：指儒家的六部经典《诗经》《尚书》《礼经》《易经》《春秋》《乐经》，后《乐经》失传，但仍称“六经”。后代“六经”中的“礼”多指《礼记》。

③诗书易：分别指《诗经》《尚书》《易经》三本书。礼春秋：分别指《礼记》《春秋》。

④号：称为。讲求：讲究探求。

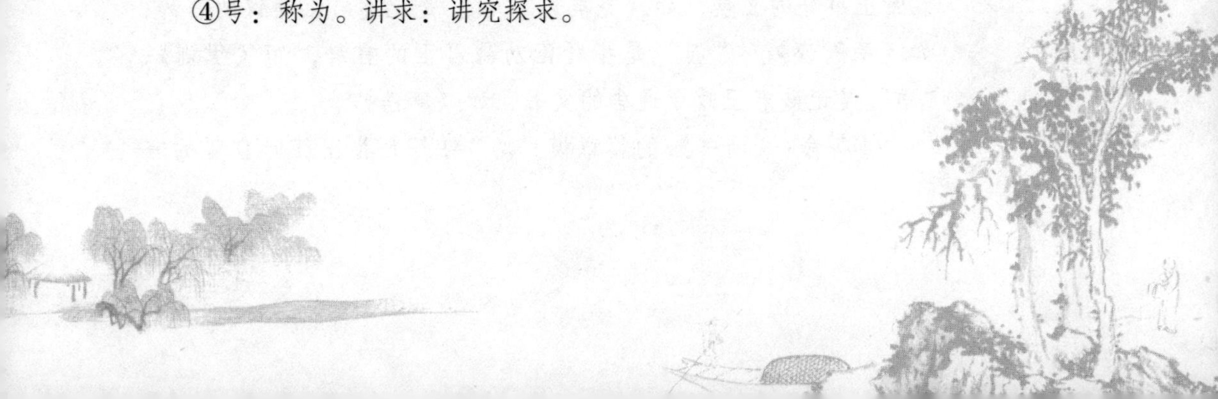

有《连 山》，有《归 藏》，[①]
有《周 易》，三 易 详。[②]
有 典 谟，有 训 诰，[③]
有 誓 命，《书》之 奥。[④]

译文

《连山易》《归藏易》及《周易》，这三本书合称“三易”，“三易”详细说明了宇宙万事万物变化的道理。《尚书》里有典、谟、训、诰、誓、命六种篇章模式，是《尚书》最精华奥妙的道理所在。

注释

①连山：书名，相传是伏羲氏所作，又称《连山易》，已失传。归藏（cáng）：书名，相传是黄帝所作，又称《归藏易》，已失传。

②周易：书名，“易”是变化的意思。《史记》载“文王拘而演周易”，也就是说周文王推演伏羲先天八卦为后天八卦，即现在所称的《周易》。三易：指的是《连山易》《归藏易》及《周易》这三本书。详：详细完备。指掌握了“三易”也就弄懂了以“卦”的形式解释宇宙、人事万物循环变化的道理。

③典、谟、训、诰：都是《尚书》的篇章模式。“典”是记载帝王事迹的文献，如《尧典》；“谟”是记述君臣商议的言辞，如《皋陶谟》。“训”是指贤臣劝诫君王的言辞，如《伊训》；“诰”是记载君王政令通告的文书，如《康诰》。

④誓命：《尚书》的篇章模式。“誓”是指出征时宣誓的言

辞，如《甘誓》；“命”是指君王的训令，如《顾命》。书：指的是《尚书》。奥：奥妙精深。

我周公，作《周礼》，①
著六官，存治体。②
大小戴，注《礼记》，③
述圣言，礼乐备。④

译文

周公撰写了《周礼》这本书，记载了周朝的六种官制，保存了国家的政治体制。西汉的学者戴德和戴圣，分别为《礼记》这本书注释，阐述书中圣贤的言论以及各种有关礼乐的典仪制度，相当完备。

注释

①周公：姓姬，名旦，亦称叔旦，周文王的第四个儿子，西周初年著名的政治家。周礼：书名，周公著。主要记载古代政府各部门的职官制度。

②著：撰写叙述。六官：周朝的六种官制，分别为天官冢宰（吏部）、地官司徒（户部）、春官宗伯（礼部）、夏官司马（兵部）、秋官司寇（刑部）、冬官司空（工部）。治体：国家的政治体制。

③大小戴：指西汉的学者戴德与戴圣。二人是叔侄关系，有“大戴”“小戴”之称。注：注释。礼记：儒家经典之一，主要是记载和论述先秦的礼制、礼仪，记录孔子和弟子等的问答，并记述修身做人的准则。相传戴德和戴圣各选编成《大戴礼记》

和《小戴礼记》。《大戴礼记》后来失传，《小戴礼记》因郑玄为之作注，流传下来，就是现在的《礼记》。

④述：阐述。圣言：圣贤的言论。礼乐：各种礼仪与配合典礼的音乐与制度。备：完善无缺。

曰《国风》，曰《雅颂》，[1]

号四诗，当讽咏。[2]

译文

《诗经》中的《国风》《大雅》《小雅》《颂》，合称为“四诗”，应当时常朗诵与吟唱。

注释

①国风：又称“风”，大多是西周至春秋中叶各地的民歌，共一百六十篇，分为十五国。国风是《诗经》三百篇中最富思想意义和艺术价值的篇章。雅：分为《大雅》和《小雅》。《大雅》是诸侯朝会时所用的诗歌；《小雅》是贵族宴享宾客时的诗歌。颂：是祭祀宗庙的诗歌，分为《周颂》《鲁颂》《商颂》三类。

②号：号称。四诗：诗经的四种体裁，指《国风》《大雅》《小雅》和《颂》。讽咏：抑扬顿挫地朗诵与吟咏。

《诗》既亡，《春秋》作，[1]

寓褒贬，别善恶。[2]

三传者，有《公羊》，[3]

有《左氏》，有《穀梁》。[4]

译文

由于周朝的衰落，《诗经》逐渐被人冷落，《诗经》的精神已经不在，所以孔子就编订了《春秋》，在这本书中隐含着对现实政治的褒贬以及对各国善恶行为的分辨，希望大家可以辨别是非。给《春秋》作解释的有合称“三传”的书，分别是战国时公羊高的《公羊传》、春秋时鲁国人左丘明的《左传》、战国时穀梁赤的《穀梁传》。

注释

①既：已经。亡：失。春秋：书名，是孔子根据鲁国史书编纂而成的编年体史书，其文字简短，多含褒贬，后世称为“春秋笔法”。

②寓：隐含。褒：赞扬。贬：批评。别：分辨，区分。

③三传：《左传》《公羊传》《穀梁传》合称“春秋三传”，简称“三传”，是注解《春秋》的书。公羊：《公羊传》的简称，相传是战国时公羊高所撰，此书以问答形式来阐释《春秋》的“微言大义”。

④左氏：指《左传》，也称《左氏春秋》。春秋时鲁太史左丘明所撰。以叙事为主，着重在以史事来证实《春秋》。穀梁：指《穀梁传》，战国时穀梁赤所撰。

经既明，方读子，①
撮其要，记其事。②
五子者，有荀扬，③
文中子，及老庄。④

译文

把圣贤所作，告诉我们为人处世道理的儒家经传都通晓了之后，才可以阅读诸子百家的书。对各家的书要择取重点来读，牢记每一件事情的因果始末。在古代有五本重要的子书，分别是荀子、扬子、文中子、老子和庄子这五人的著作。

注释

①经：古代的图书目录有经、史、子、集四部的分类。这里指儒家典籍。子：子书，指诸子百家的著作。

②撮：摘录。要：重点。

③子：古代称有学问、道德或地位的人为“子”。此处指后面提到的“五子”所著的书。荀：荀子，战国时赵人荀况。著《荀子》上、下二篇。扬：扬子，西汉的扬雄。著《太玄》《法言》、《方言》等。

④文中子：隋代的王通。其子据其语录辑有《中说》一书。老：老子，道家始祖李耳。著《道德经》。庄：庄子，战国时庄周。著《庄子》。

国学故事

1.《论语》成书

孔子名丘，字仲尼，春秋时鲁国人。三岁时，父亲就去世了，孔子和母亲相依为命。虽然家境贫寒，但孔子很喜欢读书，也喜爱学习礼制。三十岁以后，孔子便开始从事教育英才的工作。由于当时的教育并不普及，除了王孙贵族外，一般平民没有机会和能力接受教育。为此孔子首倡了“有教无类”和“因材施教”，广收学生，成为私人讲学的先驱和代表，也使得人人有受教育的机会。在孔子孜孜不倦的教育下，他的学生都能勤学向上。

孔子看到当时社会上有许多不公平的现象，政治上也缺乏道义。为了服务社会，为百姓谋福利，他决心以仁慈感化人民，用礼仪教导人民。果然，鲁国国政大治，社会道德回升，人人路不拾遗，家家夜不闭户，鲁国也因此愈来愈强盛。不过，后来鲁国的君王鲁定公迷恋女色，荒废国政。孔子失望辞去官职，带着学生周游卫国、陈国、楚国等国，去推行他的仁政。可惜每到一处，都没有受到重用。

十四年后，季康子派人迎接孔子回到鲁国，结束周游列国的孔子不再过问政事，全心投入教育学生的工作。孔子的学生大约有三千多人，其中有七十二位成为贤能之士，他们传播孔子思想，于是后人称他们这一派为儒家。

孔子是儒家的创始人，是一个伟大的思想家和教育家，也被后人尊为“万世师表”及“至圣先师”。《论语》这部书就是孔子的学生们记载的孔子平时的一些格言警句，内容简洁，含义深远。

2.《道德经》成书

老子姓李，名耳，字伯阳，是春秋时代楚国苦县厉乡曲仁里人，是道家的创始人。老子为人清心寡欲，所以他在周朝虽然时间很久，但在官位上没有什么升迁，他始终与世无争。后来老子将出关西去，打算隐居起来。关令尹喜听说老子要来，就命人清扫了四十里道路迎接老子。尹喜向老子恭敬地执弟子之礼，向老子请教。于是，老子口述了五千字后就骑着青牛飘然而去了。尹喜回去后就把老子所讲的记录下来，这就是著名的道家经典《道德经》。

3. 大小戴，注《礼记》

《礼记》实际上是汉代人撰写的记载和研究先秦礼制、礼仪、解释仪礼的文献。在汉代的这些研究仪礼的学者当中，有两位最有名，一个叫戴德，一个叫戴圣，这就是《三字经》里提到的“大小戴”。为什么叫“大小戴”呢？因为前面的戴德是叔叔，后面的戴圣是侄子，所以叫“大小戴”。“大戴”注的叫《大戴礼记》，“小戴”注的叫《小戴礼记》。《大戴礼记》在当时就出现了一些散乱，也混进了并不是大戴的学说，所以《大戴礼记》慢慢地我们也不怎么用它，我们用的是《小戴礼记》。我们今天讲的《礼记》实际上是《小戴礼记》。《小戴礼记》经过后人多次补充，里面的很多观念和思想，已经通过我们的学习和日常生活的练习，深深地影响着我们的行为准则。

4. 三光日月星，四诗风雅颂

据说宋神宗年间，辽国派遣使者来中原，他们想羞辱北宋朝廷，就出了一个上联“三光日月星”，宣称如果宋朝有人对上就把宋当作上邦，否则便为下邦。

这个上联非常地巧妙，他把三种能发光的“日月星”都包括了，而且“日月星”是三个平行的名词。上联用了一个“三”字，下联就绝不应重复，而“三光”之下只有“日月星”三个字，那么，无论你用哪个数目来对，下面跟着的字数，不是多于三个，就是少于三个。

苏东坡奉诏接待使者，使者上联一出，他略一思索，就对出了下联：“四诗风雅颂。”“四诗”指的是《诗经》“风、雅、颂”三个部分，但“雅”又分“大雅”和“小雅”，所以统称为“四诗”。这个下联用“四”与“三”相对，而“风、雅、颂”表面看是三种，实质内含着四种。因此，这个对联被称为古今“绝对”，一直流传至今。

5. 问一得三

孔子的儿子出生的时候，鲁国的国君派人送来一条鲤鱼，所以孔子给儿子取名叫孔鲤，字伯鱼，意思是鲁伯送的鱼。

有一次，孔子的弟子陈亢问伯鱼：“你父亲有没有特别传授给你什么？”伯鱼说：“没有啊。一次他一个人站在庭院，我快步经过。他问我：‘学过《诗经》了吗？’我说：‘没有。’他就说：‘不学《诗经》，就不能掌握说话的技巧。’我就回去学《诗经》。一次他又一个人站在庭院，我经过时，他又问我：‘学过《礼记》了吗？’我说：‘没有。’他说：‘不学《礼记》，就不能立足于社会。’我就回去学《礼记》，就听过这两次。”陈亢回去高兴地说：“我今天问了一件事，却得到三方面的收获：知道了《诗经》的作用，知道了“礼”的作用，也知道君子并不偏爱自己的儿子。”

“问一得三”指的是问的少而得到的回答多，比喻求少获多。这则故事也说明了孔子对《诗经》和“礼”的重视。

6. 韦编三绝

孔子到了晚年，喜欢读《易》。春秋时代没有纸，字是写在一片片竹简上，一部书会有许多竹简，必须用牢固的绳子按次序编连成书，用熟牛皮绳编连的叫“韦编”，这样做成的书平时卷起来放着，看时就打开来。《易》的文字艰涩，内容不但多而且隐晦，孔子就翻来覆去地读，这样读来读去，把编连竹简的牛皮绳子磨断了许多次，故有“韦编三绝”一说。即使读到了这样的地步，孔子还是不满意，说：“如果我能多活几年，就可以多理解些《易》的文字和内容了。”后来人们就用“韦编三绝”来形容读书刻苦勤奋。

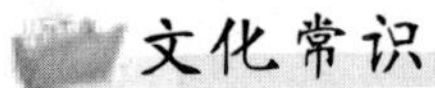

文化常识

中国的国学经典

国学是中国传统文化的精髓，对中国政治、经济、军事等各方面都影响极大，对于传承文明，增强民族凝聚力，以及中华民族的复兴都起着重要作用。中国的国学思想，是中华民族共同的血脉和灵魂，是连接炎黄子孙的血脉之桥、心灵之桥。对于我国的国学经典，身为炎黄子孙的我们不可不知。

四书：《论语》《孟子》《大学》《中庸》。南宋时，朱熹将《礼记》中的《大学》《中庸》拿出来单独成书，与《论语》《孟子》合为“四书”。

六经：六本儒家经典，指《诗经》《尚书》《礼记》《易经》《春秋》《乐经》，后《乐经》失传，但仍称“六经”。

三易：指的是《连山易》《归藏易》及《周易》这三本书。《连山易》相传是伏羲氏所作，一说是夏代的筮书。此书以艮卦为首，艮象征山，所以名为“连山易”，已失传。《归藏易》相传是黄帝所作，一说是商代的筮书。此书以坤卦为首，坤象征地，地是万物归藏的所在，所以称为“归藏易”，已失传。《周易》的起源为河图、洛书，《史记》载“文王拘而演周易”，也

就是说周文王推演伏羲先天八卦为后天八卦，即现在所称的《周易》，可用来占筮。

三传：给《春秋》作解释的有合称“三传”的书，分别是战国时公羊高的《公羊传》、春秋时鲁国人左丘明的《左传》、战国时穀梁赤的《穀梁传》。

《礼记》：儒家经典之一。西汉前期《礼记》共有一百三十一篇。相传戴德选编其中八十五篇，称为《大戴礼记》；戴圣选编其中四十九篇，称为《小戴礼记》。《大戴礼记》后来失传，《小戴礼记》因郑玄为之作注，流传下来，就是现在的《礼记》。其内容包罗万象，主要是记载和论述先秦的礼制、礼仪，解释仪礼，记录孔子和弟子等的问答，并记述修身做人的准则。

五子：在古代有五本重要的子书，分别是荀子、扬子、文中子、老子和庄子这五人的著作《荀子》《法言》《中说》《老子》《庄子》。

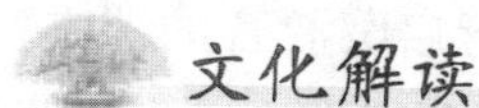

文化解读

我国古代的儿童教育

在我国，古代的儿童教育称之为“蒙学”。“蒙学”，最早的论述源于《周易·蒙卦》：“蒙以养正，圣之功也。”我国古代的儿童教育开展甚早。早在西周，就有为贵族子弟设立的宫廷小学。春秋战国之际，具有划时代意义的“私学”创设并繁盛起来。虽然各朝都有完整的官学制度，但是直接在官学里学习的人数比较少。官学本身时盛时衰，徒具形式，而启蒙教育的教学又并非官学任务。因此，我国古代儿童教育后来主要是私人教学。我国古代儿童的私学，主要是教授识字和基本知识，这类蒙学或称小学，或称乡校、村学，或是由宗族设立的义学，或富有之家的私塾等。

我国古代儿童教育主要是传授识字、写字和伦理道德思想。朱熹在他的“小学理论”中，将一个人的教育分成两个阶段。一是“小学”阶段，一是“大学”阶段。这个分段不只是指学习年龄次序，也指内容和意义。他说从孩幼时，便须从洒扫应对进退上将伦常礼教传授给儿童，进而教他诗、书、礼、乐之文，要使儿童在日常生活上，具体行事上，熟悉伦常礼乐之教。再进入“大学”，即在小学的基础上，做格物致知的工夫，对宇宙间的一切道理都有一贯的理解。可见，“小学”阶段的教育主要是洒扫应对等基本常识和基本规范。

教育内容是通过教材传授给学生的。我国古代儿童教育有其传统教材，即所谓“蒙学教材”。蒙学教材，即古代专门为儿童编写的，在书馆、私塾、村学等蒙学场所进行启蒙教育的课本，又称为蒙书、小儿书、启蒙教材、蒙学读物、蒙童课本、古代儿童读物、语文教育教材等。我国古代儿童教育传统的启蒙教材多用韵语和诗歌编写而成。这些教材的主要用途是为了训练识字读书及初步作文的基本能力，进而传授各方面的基本知识。我国古代蒙学教材的启蒙教育主要有以下几个特点。

第一，重视识字教育。《急就篇》《三字经》《百家姓》《千字文》是典型的识字类蒙学教材。《急就篇》全文共三十余章两千余字，重复用字仅三百字左右；《三字经》《百家姓》《千字文》三篇字数相加两千七百二十字，除去重复用字，全篇两千余字。两千余字是古代蒙学教育对儿童识字量的基本要求，如若儿童能够通过这些识字类蒙学教材集中而系统地掌握这些生字，日常生活中的学习与阅读也就基本上可以得到满足了。

第二，注重伦理道德教育。这类著作最著名的是《弟子规》《增广贤文》。统治阶级在利用蒙学教材进行知识教育的同时，对儿童进行封建伦理道德和思想意识的灌输，以培养儿童具备“明人伦”“首孝弟”的传统伦理道德品质。

第三，贴近生活，内容丰富，综合和实用性强。古代蒙学教材能够从儿童的理解能力和兴趣角度出发，立足于启蒙教育核心理念，所涉及内容虽多但很贴近生活，包括识字读本、生活常识、历史趣闻、日常礼仪、伦理道德等，通过这些素材教给儿童最基本的日常生活规范。一般来讲，在学塾的课堂上，都是以综合性的教材做教本，比较著名的综合性教材有《三字经》《幼学琼林》等。

第四，注意押韵，易于诵读和记忆。古代蒙学教材普遍采用了韵语和对偶的形式，押韵对仗，易于诵读与记忆，通过汉语和谐的音律、优美的修辞启蒙儿童的智慧，既符合激发儿童兴趣的特点，也有效地保证了儿童的学习效率和质量。如《千字文》全篇一千个字中除却重复的一个“洁”字之外，全文字字都不重复，对仗工整，连贯押韵，朗朗上口。

经子通，读诸史……

导读

这一部分是《三字经》有关读史的阐释。在这一部分中，仅三百字，写了中国几千年的历史（宋以后的部分应是后人加的），而且是纲举目张，不但做到了“考世系，知终始”，有的还将其间的要人要事，也做了简明的论述，可以说是一部具体而微小的“纲鉴”。现举两例来做说明：

1. “周辙东，王纲坠，逞干戈，尚游说。始春秋，终战国，五霸强，七雄出”简短八句，共二十四字，把东周列国的纷争，周室东迁，王室衰微，诸侯争霸称雄，大兴游说之风，从五霸到七雄，再到秦始皇的统一，五百余年的历史，尽囊括在这八句话之中。

2. “北元魏，分东西，宇文周，与高齐”只此四句，阐述了南北朝时期的北魏，如何兴起与汉化，从姓拓跋改姓元，所以称为“元魏”；尔后又分裂为东魏与西魏，宇文觉灭西魏建立北周，高洋灭东魏建立北齐，最后统一于隋，寥寥四句，脉络极为清晰。

《三字经》的这部分用简练的语言囊括了中华五千年的文明史，除此之外，古人讲求以史为鉴，学习历史就是为了借鉴历史的经验教训，做到读史生智。

经子通，读诸史，①
考世系，知终始。②
自羲农，至黄帝，③
号三皇，居上世。④

译文

经书和子书读熟了以后，就可以研究史书了，读史时必须要考究各朝各代的世系，明白他们盛衰的原因，才能从历史中吸取教训。从伏羲氏、神农氏到黄帝，后人尊称他们为“三皇”，他们三位都是上古时代的帝王。

注释

①通：明白、了解。读：研究。史：史书。

②考：考证、考察。世系：帝王、贵族世代相传的关系。终：衰亡。始：兴起。

③羲：指伏羲氏。传说中的“三皇”之一。相传伏羲氏教民结网，从事渔猎畜牧，制嫁娶，创八卦，造书契，以代结绳

之政。农：指神农氏。传说中的“三皇”之一。他是农业之神，教民耕种，中国自此进入农耕社会。他还是医药之神，相传就是神农尝百草，留《神农本草经》，创中华医药。黄帝：上古帝王轩辕氏的称号，传说中的中原各族的共同祖先，相传尧、舜、禹、汤等均是他的后裔，因此黄帝被奉为中华民族的共同始祖。

④三皇：指传说中上古时代的这三个帝王：伏羲、神农氏与黄帝。上世：上古时代。

唐有虞，号二帝，①
相揖逊，称盛世。②
夏有禹，商有汤，③
周文武，称三王。④

译文

唐尧和虞舜合称为“二帝”，他们都把帝位禅让给贤能的人，造就了太平盛世。夏朝的开国国君是大禹，商朝的开国国君是成汤，周朝的开国国君是文王和武王。他们都是夏、商、周三代时才德兼备的圣王。

注释

①唐：是尧的国号。有虞：是舜的国号。二帝：指帝尧、帝舜。

②揖逊：将王位让给别人，指禅（shàn）让王位。传说唐尧对虞舜进行了三年考核后，推选舜继任为部落联盟领袖。舜继位后，又选拔治水有功的禹为继任人。

③禹：传说中治理洪水的部落领袖，是夏朝的开国君主。汤：商代开国的君主。

④周文武：指周文王和周武王。三王：并非实指三人，而是指夏、商、周三代的圣王。

夏传子，家天下，[①]
四百载，迁夏社。[②]
汤伐夏，国号商，[③]
六百载，至纣亡。[④]

译文

夏代的君王把帝位传给自己的子孙，从此以后，天下就像自己的家产一样，由子孙继承下去。经过四百多年，夏被汤灭掉，从而结束了它的统治。商汤讨伐夏桀，灭了夏朝，建新国，国号为商，传了六百多年，到纣王时就灭亡了。

注释

①传：传位。子：儿子、子孙。家天下：指把帝位传给自己的子孙，国家就像自己的家产一样，由子孙继承下去。

②载：年。迁：改变。社：社稷，指国家政权。

③汤：商汤王，商朝的第一个君王。伐：攻打，出征讨伐。夏：夏桀王。夏朝的最后一个君王，是历史上的暴君之一。商：商汤灭夏朝后所建立的国家。

④纣：商纣王，商朝最后一位君王，是历史上的暴君之一。亡：消灭。

周武王，始诛纣，[①]
八百载，最长久。
周辙东，王纲坠，[②]
逞干戈，尚游说。[③]

译文

周武王举兵消灭商纣王，建立了周朝，立国八百多年，是中国历史上延续时间最长的王朝。自从周平王把国都东迁到洛阳以后，王室的纲纪和政治制度便逐渐衰落了，各诸侯国不听周王命令相互发动战争，说客们用各种主张到处游说而受到诸侯们的欢迎。

注释

①始：开始。诛：消灭。

②周：周朝。辙东：辙，车轮压出的痕迹，这里指周平王把国都东迁至洛阳的史实。王纲：王朝统治的制度。坠：破坏、衰弱。

③逞：任意放恣，这里指诸侯纷纷称王称霸，炫耀武力。干戈：古代的两种兵器，这里指战争。尚：尊崇、崇尚。游说：谋士、政客凭借口才劝说各国诸侯采纳他们的计策主张。

始春秋，终战国，[①]
五霸强，七雄出。[②]
嬴秦氏，始兼并，[③]
传二世，楚汉争。[④]

译文

东周从春秋时代开始，结束于战国时代，春秋时期先后有五个强大的霸主，称霸诸侯号令天下，而战国时期则出现了七大强国争雄的局面。秦王嬴政吞并了六国，建立了统一的秦王朝。然而秦只传到二世胡亥，天下又开始大乱，最后，形成楚汉相争的局面。

注释

①春秋：春秋时期。终：结束。战国：战国时代。

②五霸：指齐桓公、晋文公、秦穆公、宋襄公、楚庄王这五个春秋时代的霸主。强：强盛。七雄：指战国时齐、楚、燕、韩、赵、魏、秦七个强国。

③嬴秦氏：秦国国君嬴姓，所以秦也称嬴秦，这里是指秦始皇嬴政。兼并：并吞。秦王嬴政十年间先后消灭了其余战国六强，于公元前221年建立了秦王朝，并自称始皇帝。

④二世：秦始皇儿子，名胡亥，继承始皇为二世皇帝。楚：楚霸王项羽。汉：汉高祖刘邦。争：争权。秦传至二世，天下大乱，最后形成楚汉相争的局面。

高祖兴，汉业建，①
至孝平，王莽篡。②
光武兴，为东汉，③
四百年，终于献。④

译文

汉高祖打败了项羽，建立汉朝，汉朝的帝位传了两百多年，到了汉平帝时，就被王莽篡夺了。汉光武帝刘秀，复兴汉室，推翻王莽，建立东汉，汉朝延续了四百多年，到汉献帝的时候灭亡。

注释

①高祖：汉高祖刘邦。兴：兴起。刘邦打败项羽，于公元前202年建立了西汉王朝。

②孝平：汉平帝，在位五年被王莽毒杀，西汉灭亡。王莽：元帝王皇后的侄子，见平帝年幼可欺，于是谋夺王位，更改国号为“新”。篡：谋夺帝王之位。

③光武：汉朝光武帝刘秀。兴：复兴。公元23年王莽新朝被绿林农民起义军所灭。公元25年刘秀称帝重建汉朝，史称“光武中兴”。光武帝以洛阳为都，因洛阳在西汉首都长安的东边，历史上称这段时期为东汉。

④终：结束、灭亡。公元220年东汉灭亡。献：指汉朝的最后一位皇帝汉献帝。

魏蜀吴，争汉鼎，①
号三国，迄两晋。②
宋齐继，梁陈承，③
为南朝，都金陵。④

译文

魏国、蜀国、吴国互相争夺汉朝天下，历史上称为三国时

代，一直到晋朝兴起，三国被灭，才结束纷乱的局面，而晋朝分为西晋和东晋两个时期。晋朝王室南迁以后，不久就衰亡了，继之而起的是南北朝时代，南朝包括宋、齐、梁、陈四个朝代，它们的国都建在金陵。

注释

①魏：公元220年，曹丕篡夺汉献帝帝位，国号魏，史称曹魏。蜀：公元221年，刘备称帝于蜀，国号汉，史称为蜀汉。吴：公元229年，孙权在建业称帝，史称孙吴、东吴。魏、蜀、吴三国鼎立，史称三国时期。鼎：九鼎，是夏禹时以九州贡金所铸的鼎，后来被奉为象征国家政权的传国宝器。

②迄：结束、终止。两晋：史学上对中国西晋和东晋的合称。

③宋：南北朝时期南朝的一个朝代名，后面的齐、梁、陈都是南北朝时期南朝的朝代名。承：继续、继承。

④南朝：南北朝时期南朝共经历了宋、齐、梁、陈四朝。都：建国都。金陵：即今南京市。

北元魏，分东西，[①]
宇文周，与高齐。[②]
迨至隋，一土宇，[③]
不再传，失统绪。[④]

译文

北朝指的是元魏，元魏后来也分裂成东魏和西魏，西魏被宇文觉篡了位，建立了北周；东魏被高洋篡了位，建立了北齐。杨坚重新统一了中国，建立了隋朝，历史上称为隋文帝。他的儿子隋炀帝杨广即位后，荒淫无道，隋朝很快就灭亡了。

注释

①北元魏：从北魏统一北方开始，到隋文帝灭北周为止，历经北魏、东魏、西魏、北齐、北周，史称为“北朝”。后因魏孝文帝改姓元，故称元魏。分东西：魏分为东魏和西魏。

②宇文周：南北朝时期的北周。西魏后来被宇文觉所篡，建立了北周。因皇室姓宇文，又称宇文周。后被隋所灭。高齐：南北朝时期的北齐。东魏被文宣帝高洋所取代，建立了齐国。史称北齐。因皇室姓高，又称高齐。后被北周所灭。

③迨：等到。隋：杨坚灭北周称帝，定国号为隋，后灭西梁、陈，统一天下。一：统一。土宇：天下。

④传：传承、传位。失：丧失。统绪：指帝位世代继承的系统。

唐高祖，起义师，①
除隋乱，创国基。②
二十传，三百载，③
梁灭之，国乃改。④

译文

唐高祖李渊起兵反隋，最后隋朝灭亡，他战胜了各路的反隋义军，取得了天下，奠定了大唐王朝的根基。唐朝从高祖开始，传了二十代，维持了近三百年的国运，最后被梁王朱全忠所吞

灭，并改国号为梁，史称后梁。

注释

①唐高祖：唐朝开国国君李渊。起：发动、发起。义师：正义之师，为正义而战的军队。

②除：除去、平定。隋乱：指隋朝末年群雄并起的混乱局势。创：开创、创立。国基：国家的根基。

③传：传承。二十传指的是唐朝传了二十位皇帝。三百载：就是指唐朝统治近三百年。

④梁：指后梁。国：国号。乃：于是。

梁唐晋，及汉周，[1]
称五代，皆有由。[2]
炎宋兴，受周禅，[3]
十八传，南北混。[4]

译文

后梁、后唐、后晋、后汉和后周五个朝代的更替时期，历史上称作五代，这五个朝代的更替都有着一定的原因。赵匡胤接受后周禅让的帝位，建立宋朝，传了十八代，后因外族入侵，而形成南北混乱的局势。

注释

①梁：指后梁。唐：指后唐。晋：指后晋。汉：指后汉。

周：指后周。

②五代：指的是（后）梁、（后）唐、（后）晋、（后）汉、（后）周这五个朝代。皆：全部、都。由：因由、原因。

③炎宋：指宋朝，炎是火的意思。宋朝人认为宋太祖因为具有五行中的火德而得天下，所以称为炎宋。兴：兴盛、兴起。周：指的是后周。禅：传帝位给贤者称为禅。这里指的是宋太祖接受后周恭帝的禅让。

④十八传：指宋朝总共传了十八位皇帝。南北混：公元1126年金兵攻入北宋首都汴京，北宋灭亡。宋室南渡，建都临安（今浙江杭州），史称南宋。两宋先后与北方辽、金、西夏、蒙古互相攻伐混战，局势混乱。

辽与金，帝号纷，①
迨灭辽，宋犹存。②
至元兴，金绪歇，③
有宋世，一同灭。④
并中国，兼戎狄，⑤
九十年，国祚废。⑥

译文

与宋朝同时存在的还有北方的辽国与金国，他们的首领纷纷号称皇帝，直到金国灭了辽国时，宋朝仍然存在。到了元朝兴起的时候，金国的命运也就终止了，金国被元朝灭亡以后，宋朝同样被元朝消灭了。蒙古人吞并了中原地区，也兼并了少数民族地区，传国九十年后，元朝的国运也消失了。

注释

①辽：公元916年耶律阿保机建立契丹国，公元947年改国号为辽。金：公元1115年女真族完颜阿骨打创建的政权。帝号纷：指辽、金纷纷建国称帝。

②宋犹存：辽被金灭时，北宋仍存在。

③元：公元1206年成吉思汗建立蒙古国，公元1271年忽必烈定蒙古国号为元。金绪歇：元朝兴盛，金的事业功绩渐渐削弱停息。绪：功业。歇：停止。

④一同灭：金与南宋同样是被元所灭。

⑤并：吞并。兼：兼并。戎狄：古代对西北少数民族的称谓。

⑥九十年：自元世祖公元1271年定蒙古国为元，到公元1368年朱元璋推翻元朝统治，共计九十八年。国祚（zuò）：帝位。废：废弃，这里指亡国。

明太祖，久亲师，[①]
传建文，方四祀。[②]
迁北京，永乐嗣，[③]
迨崇祯，煤山逝。[④]

译文

明太祖朱元璋长期亲自督帅军队血战，消灭了元朝，建立了明朝，他把皇位传给了他的孙子，就是建文帝，建文帝只做了四年皇帝。永乐皇帝将都城从南京迁往北京，等到传到崇祯皇帝时，李自成攻入北京，崇祯在煤山上吊自杀，明朝从此灭亡。

注释

①明太祖：朱元璋，参加元末义军。公元1368年推翻元朝统治，建立明朝，建都南京。亲师：亲自率兵征伐。

②建文：明惠帝，年号建文，朱元璋之孙。四祀：四年。建文帝在位仅四年。

③迁北京：明朝到了第三世成祖时，把国都迁到北京。永乐：明成祖在位期间年号永乐。嗣：继承。

④崇祯：明思宗的年号，是明朝最后一个皇帝。

清太祖，膺景命，①
靖四方，克大定。②
至世祖，乃大同，③
十二世，清祚终。④

译文

清太祖承受天命，平定了各地的乱事，使百姓生活能够安定下来。到了清世祖的时候，觉得达到了一种理想社会，清朝历经了十二个皇帝后，最终消亡了。

注释

①清太祖：姓爱新觉罗，名努尔哈赤，是清朝的开国皇帝。膺：承受。景命：上天授予王位之命。

②靖：平定。克：能够。大定：完全平定，大一统。

③世祖：即顺治。大同：儒家所谓的理想社会。

④十二世：自清太祖起清代共历十二个皇帝。祚（zuò）：帝王之位，也指国运。

廿二史，全在兹。
载治乱，知兴衰。
读史者，考实录，①
通古今，若亲目。②
口而诵，心而惟，③
朝于斯，夕于斯。④

译文

凡是读史书的人都要细心研究、考察历史事实的资料，这样才能通晓古今发生的事件，就好像是亲眼目睹一样的清楚明白。而且读书时要心口相应，不仅要用口朗诵，还要在心里思考，早晚勤奋读书，才会学有所得。

注释

①考：研究、考察。实录：真实的记载。此处指原始的史料。

②通：通晓明白。古今：古往今来所发生的事迹。若：好像。亲目：亲眼看见。

③诵：朗读。惟：思考。

④朝：早晨。斯：如此。夕：晚上。

国学故事

1. 伏羲画八卦

在天水市北道区渭南乡西部，有一卦台山，相传这里就是伏羲画八卦的地方。传说在伏羲生活的远古年代，人们对于大自然一无所知。当下雨刮风、电闪雷鸣时，人们既害怕又困惑。天生聪慧的伏羲想把这一切都弄清楚，于是他经常站在卦台山上，仰观天上的日月星辰，俯察周围的地形方位，有时还研究飞禽走兽的脚印和身上的花纹。

有一天，他又来到了卦台山上，正在苦苦地思索他长期以来观察的现象。突然，他听到一声奇怪的吼声，只见卦台山对面的山洞里跃出一匹龙马。说它是龙马，那是因为这个动物长着龙头马身，身上还有非常奇特的花纹。这匹龙马一跃就跃到了卦台山下渭水河中的一块大石上。这块石头形如太极，配合龙马身上的花纹，顿时让伏羲有所了悟，于是他画出了八卦。

后来，那个跃出龙马的山洞被人们称为龙马洞，渭水河中的那块大石就叫做分心石。现在去卦台山，你还能看到这些地方。而且，龙马洞里还有石槽和石床的残迹。

至于八卦的功绩，在于它博大精深的文化内涵。而以它为特征的伏羲文化，到现在仍吸引着国内外无数学者在探索、研究。而且，当代的许多学科也都深受其影响，并从中得到启示。据说，德国大数学家莱布尼茨发明二进制，也是受了八卦的启发。

2. 神农尝百草

神农氏，别名“五谷帝仙”，是传说中的农业和医药的发明者。神农氏是继伏羲以后，又一个对中华民族颇多贡献的传奇人物。他因发明了农耕技术而号神农氏，而对于神农氏是否是炎帝这个问题，一直没有定论。

传说神农一生下来就是个“水晶肚”，五脏六腑全都能看得见，还能看得见吃进去的东西。那时候，人们经常因乱吃东西而生病，甚至丧命。神农氏为这事很犯愁，决心尝百草、定药性，为大家消灾祛病。神农将能吃的放在身体左边的袋子里，介绍给别人吃；不好吃的就放在身体右边袋子里，作药用；不能吃的就提醒人们注意。

后来，神农在小北顶两边的百草洼，误尝了断肠草死了。现在，在百草洼西北的山顶上，还有一块像弯腰搂肚的人一样的石头，据说是神农变的。为了纪念神农创中医、制本草，人们把小北顶改名为神农坛，并在神农坛上修建神农庙。庙里塑了神农像，神农左手托着花蕊鸟，右手拿着药正往嘴里送。现今，每天都有很多人观看神农坛风光，瞻仰神农塑像。

3. 禅让的故事

帝尧是中国古代著名的明君，和舜、禹一起被合称为“尧舜禹”。尧德行高洁，宽厚仁爱，不仅能使自己的部落中人亲近团结、百官各尽其职，而且能使各地部落首领心悦诚服，为此百姓都过上了安定幸福的生活。

尧老了的时候，问百官说：“谁可以继承我的事业呢?”一个大臣说：“您的儿子丹朱天性聪慧，可以继承您的王位。”尧叹了一口气说：“我熟悉他的为人，他不讲道理，又喜欢跟人斗气，不能用。”另一个大臣说：“共工能团结群众开展各项工作，可以用。”尧说：“共工光会讲漂亮话，办事却很无能；他外表很老实，内心却很傲慢，也不能用。”尧对他最亲近的四个大臣说：“唉！我在位已经七十年了，你们都能廉洁奉公，就由你们来接替我的位置吧！”四位大臣都谦让说：“我们德行浅薄，恐帕玷污了帝王的尊位！”尧于是说：“那就请你们推举民间有名望的贤人吧。”大家都对尧说：“民间有个单身汉，名叫舜。我们觉得他很好。”尧说：“对，我听说过他，他究竟怎么样呢？”四大臣说：“他是个盲人的儿子，父亲不讲道理，后母爱说坏话，弟弟骄纵凶狠，但他能够凭借自己的孝道跟他们和睦相处，并能使他们上进，不干坏事。”尧说：“那好，让我考验一下他吧。”

尧于是把自己的两个女儿嫁给舜，通过她们来观察舜的德行。舜叫她们放下架子，和自己的父母住在一起，遵守做媳妇的礼节。尧很赞赏舜这样做，于是又让舜管理国家事务，各项事务舜都料理得井井有条；尧还让舜到密林大泽里去办事，遇到狂风暴雨的时候，舜勇敢镇定，丝毫没有误事。这样尧考验了舜三年。三年之后，尧召见舜说：“你考虑事情很周到，说过的事也能办得很有成效，你来继承我的王位吧。”正月初一，舜在祖庙里接替了尧的位置，这就是著名的“禅让”，指将王位传给贤能的人，而不是传给自己的子孙。

4. 大禹治水

上古时期，洪水泛滥，舜派鲧带领民众治水，鲧用“堵”的办法治水，越堵水越大，治了九年，成效不大。后来，舜又派鲧的儿子大禹接续父亲未完成的遗志，继续治水。大禹改变了父亲“堵”的方法，决定改用“疏”的办法，即采取疏通河道的办法，把洪水引到大海中去。

大禹是个大公无私、意志坚强的人，想到遭受水害的百姓苦不堪言，深知治水任务事关重大，所以新婚第四天，就毅然告别妻子到治水工地。大禹率领二十多万施工群众，展开巨大的治水工程。他带头挖河修堤，废寝忘食，不辞劳苦，累得手上长满老茧，小腿汗毛被磨光了。由于长期泡水，连脚指甲也脱落了，人们看到他都感动得落泪。

他曾三过家门而不入，第一次路过家门，他的妻子刚生下儿子启，家里传来婴儿哭声，他怕延误治水没进门；第二次路过家门，儿子会叫爸爸了，但工程正紧他还是没进去；第三次过家门，已经十多岁的儿子使劲拉他回家，大禹慈爱地摸摸儿子的头，告诉他治水工作很忙，又匆忙离开。

相传大禹为民治水的精神，感动了天神，天神前来相助：天帝派伯益焚烧山林沼泽的草木，畅通水道；应龙帮忙测量，导引水路；伏羲赠玉简，以测量天地；神龟献“洛书”，依此法治水；神女瑶姬用神力帮忙打通巫山水道，洪水直向大海奔去。

大禹治水十三年，历尽艰险，终于平息了为害二十二年的洪水灾害。由于大禹仁爱宽厚，以百姓疾苦为先，深受人民爱戴，所以舜把帝位禅让给他。晚年禹把帝位传给益，但禹的儿子启很贤能，禹死后百姓推举启继承帝位，从此开创了世代相传的“家天下”制度。

5. 商汤灭夏

夏朝传了十几代之后，最后亡于夏桀的手里。夏桀不知道修德勤政，只知吃喝玩乐，过着极为奢侈的生活，百姓苦不堪言，怨声四起。后来成汤出兵攻夏，在鸣条打败夏兵，将夏桀放逐到南巢，桀就死在那里。夏朝从禹建国到桀亡国，历时四百多年。

成汤灭夏后，建立了商朝。成汤是一位能礼贤下士、体恤百姓的贤君。成汤时曾遭遇持续七年的大旱灾，占卜后决定必须拿活人献祭，才能求雨成功，解除旱象。成汤听了，不忍牺牲百姓的生命，说：“如果一定要有人做牺牲，那就让我来吧！”并向上天忏悔，上天被他的诚意所感动，降下大雨，解除了旱象。

6. 商汤捕鸟

有一次，商汤到郊外山林去办事，看到一个捕鸟的人张着四面网在捕鸟，捕鸟人口里还不断地叨念说："从天上落下来的，从地面往上飞的，从四面八方来的，都掉进我的网里来！"商汤看了，对捕鸟人说："你这样做太残忍了，赶快撤掉三面网，留下一面就够了。"捕鸟人说："一面网怎么能捕鸟？"商汤说："你张一面网，对鸟喊叫：'鸟儿啊！你们愿意往左就往左飞；愿意往右就往右飞；不听话的，就进我的网里来吧！'这样才显得你心地善良。"商汤对捕鸟人说的这一番话很快就流传开来，人们都说商汤有德行，他对禽兽都这样仁慈，我们应当拥护他。这个张一面网捕鸟的故事，后来就形成一句话，叫做"网开三面"。"网开三面"成了"网开一面"，意思就有了变化，用来比喻要给坏人留一条改邪归正的出路。

7. 武王伐纣

商朝最后一个国王叫纣，他是中国历史上有名的暴君。为了满足自己的欲望，他兴建鹿台，整日"以酒为池，以肉为林"，和爱妃妲己以及贵族们宴饮享乐。不仅如此，他还加重赋税，使社会矛盾越来越尖锐，百姓起来反抗，他就用重刑镇压。他设置了"炮烙"酷刑，把反对他的人绑在烧得通红的铜柱上活活烙死。叔父比干规劝他，他竟凶狠地挖出了比干的心。纣王的残暴统治激起了人们的反抗。

与此同时，渭河流域的姬姓周部落越来越强大，首领姬发继承父亲文王遗志，重用姜尚等人，励精图治，发展生产，以德治国，使国力不断增强。他们还积极筹划灭商的事宜。当商的军队主力远在东方作战，国内军事力量空虚之时，周武王联合各个部落，率领兵车三百辆，虎贲（卫军）三千人，士卒四万五千人，

进军到距离商纣王所居的朝歌只有七十里的牧野（今河南淇县西南），举行了誓师大会，列数纣王罪状，鼓励军队同纣王决战。而商朝的军队早已不满商纣王的暴行，纷纷倒戈，最后商纣王只能绝望地在他的宫殿里自焚，从而结束了商王朝的统治。

8. 周公吐哺，天下归心

周公姬旦是周文王的次子、周武王的弟弟。文王在世的时候，周公非常孝顺，比别的儿子更为淳厚仁爱。到武王即位，周公则尽心尽力地辅佐武王讨伐商纣王，执掌政事。

后来武王驾崩，周成王年幼，周公担心有人会叛乱，于是登上天子之位，代替成王暂理政务、执掌国事。听到管叔等人散布“周公将要对成王不利”的谣言，周公说：“我之所以不加回避而代理国政，是担心天下背叛周室，那将无法回报先王。为了完成周朝大业，所以我这样做。”于是继续辅佐成王，让他的儿子伯禽代替自己前往鲁地受封。

伯禽临行前，周公告诫他说：“我是文王的儿子、武王的弟弟、成王的叔父，我在天下的地位也不算卑贱了。然而我由于忙着起身接待士人，有时洗一次头却多次捧起头发；吃一顿饭却多次吐出食物。这是因为我害怕失去天下的贤才。你到鲁国，千万不要因为是一国之主而傲慢待人。”

成王长大成人后能处理政事了，周公便将政权还给成王。周公的德政，得到了后世的极力颂扬，东汉末年曹操的《短歌行》中的“周公吐哺，天下归心”的诗句就是赞扬周公的。

9. 烽火戏诸侯

西周末期的周幽王是一个非常残暴而腐败的君主。他有个爱妃名叫褒姒，长得非常美丽，《东周列国志》中有这样一段话来形容褒姒："目秀眉清，唇红齿白，发挽乌云，指排削玉，有如花如月之容，倾国倾城之貌。"褒妃虽然很美，但是"从未开颜一笑"。为此，周幽王颁布诏令说："谁要能博娘娘一笑，就赏他千金。"于是有人想出这个点起烽火戏弄诸侯的办法，想换取娘娘一笑。

随后，周幽王带着爱妃褒姒登上城楼，命令四下点起烽火，擂鼓报警。临近的诸侯看到了烽火，以为西戎（当时西方的一个部族）来犯，便领兵赶到城下救援，但见城楼灯火辉煌，鼓乐喧天。一打听才知是周幽王为了取乐褒姒而做的荒唐事儿。各诸侯汗流浃背，狼狈不堪，敢怒不敢言，只好气愤地收兵回营。褒姒见状，果然展颜一笑。但事隔不久，西戎果真来犯，虽然军队点起了烽火，却无援兵赶到。原来各诸侯以为周幽王又是故伎重演。结果都城被西戎攻下，周幽王也被杀死了，从此西周灭亡。

10. 一鸣惊人

公元前613年，楚庄王即位做了国君。晋国趁这个机会，把几个一向依附楚国的国家拉拢过去。楚国的大臣们很不服气，都向楚庄王提出要他出兵争霸权。

无奈楚庄王不听那一套，在他即位后的三年时间里，白天打猎、晚上喝酒，整天花天酒地，全然不理国事。楚庄王不把国事放在心上，所以导致众多官吏贪污失职、欺压百姓。他知道大臣们对他的行为很不满意，甚至还下了一道命令：谁要是敢劝谏，就判谁的死罪。

后来，楚国的右司马实在看不过去，决心去见楚庄王。他对楚庄王说："有人让我猜个谜儿，我猜不着。大王是个聪明人，请您猜猜吧！"楚庄王说："你说出来听听。"

右司马说："楚国山上，有一只大鸟，身披五彩，样子挺神气。可是一停三年，不飞也不叫，这是什么鸟？”楚庄王一听，心里明白他说的是谁，回答说：“这可不是普通的鸟。这种鸟，不飞则已，一飞将要冲天；不鸣则已，一鸣将要惊人。”

从此，楚庄王开始整顿国家事务，奖励尽忠尽责的官员，惩罚贪官污吏，使国家充满了朝气；与此同时，整顿军务，壮大武力，很快在各国建立了较高的威望，各国的诸侯不但不敢再来侵犯，还把之前侵占的土地归还给楚国。后来楚庄王经过多年经营，最终成为了“春秋五霸”之一。所以说楚庄王的这一番作为，真可谓“一鸣惊人”！

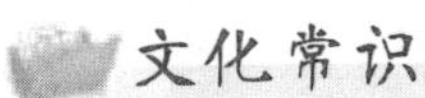

文化常识

几种不同版本的历史朝代歌

第一种（通俗版）

三皇五帝始，尧舜禹相传。
夏商与西周，东周分两段。
春秋和战国，一统秦两汉。
三分魏蜀吴，二晋前后延。
南北朝并立，隋唐五代传。
宋元明清后，皇朝至此完。

第二种（简易版）

歌诀一

三皇五帝夏商周，归秦及汉三国休。

晋终南北隋唐继，五代宋元明清收。

歌诀二

黄虞夏商周，春秋战国秦，
两汉三国晋，晋后南北分，
隋唐五代宋，元明清及民。

第三种（香港版本）

第一首

唐尧虞舜夏商周，春秋战国乱悠悠，
秦汉三国晋统一，南朝北朝是对头，
隋唐五代又十国，宋元明清帝王休。

第二首

盘古开天又辟地，炎黄二帝战蚩尤。
尧舜大禹夏商周，春秋战国秦二汉。
三国二晋南北朝，隋唐五代又十国。
北南二宋元明清，中华民国共和国。

第三首

炎黄虞夏商，周到战国亡，秦朝并六国，嬴政称始皇。
楚汉鸿沟界，最后属刘邦，西汉孕新莽，东汉迁洛阳。
末年黄巾出，三国各称王，西晋变东晋，迁都到建康，
拓跋入中原，国分南北方，北朝十六国，南朝宋齐梁，
南陈被隋灭，杨广输李唐，大唐曾改周，武后则天皇，
残皇有五代，伶官舞后庄，华歆分十国，北宋灭南唐，
金国俘二帝，南宋到苏杭，蒙主称大汗，最后被明亡，

明到崇祯帝，大顺立闯王，金田太平国，时适清道光，
九传至光绪，维新有康梁，换位至宣统，民国废末皇，
五四风雨骤，建国存新纲，抗日反内战，五星红旗扬。

第四首

夏后殷商西东周，春秋战国秦皇收，
西汉东汉魏蜀吴，西晋东晋兼五胡。
匈奴羯氏羌慕容，拓跋代北后称雄。
宋齐梁陈是南朝，北魏齐周称北朝。
北周灭齐传于隋，隋又灭陈再统一。
隋灭唐兴称富强，五代十国各称王。
契丹兴起在北方，建号为辽入汴梁。
五代梁唐晋汉周，宋朝建国陈桥头。
女真建金先灭辽，打破汴京北宋消。
南宋偏安在江南，蒙古兴起国号元。
灭金灭宋归一统，元朝统治九十年。
明代共传十六君，满洲初起号后金。
后金国号改为清，入关称帝都北京。
人民觉悟革命起，清帝退位民国立。
人民民主再胜利，齐心奔向共产国。

文化解读

中国古代的“分久必合，合久必分”

“天下分久必合，合久必分”出自中国古代四大名著之一《三国演义》里的卷首语。原话是：“话说天下大势，分久必合，合久必分。周末七国分争，并入于秦。及秦灭之后，楚、汉分争，又并入于汉。汉朝自高祖斩白蛇而起义，一统天下，后来光武中兴，传至献帝，遂分为三国。”

中国历史上有几次大统一。从夏朝在黄河流域统一开始，接着是商、周，周朝后期进入了诸侯分裂——春秋战国时期，那就是所谓“分”。但是随着生产力发展和人民日益要求安定生活愿望的强烈表达，必定会出现某些能够主持大局的政权。春秋战国时期，中国从奴隶社会走向了封建社会。春秋五霸、战国七雄的割据战争使人民苦不堪言，这时经过商鞅变法而变得强大的秦国国家繁荣兵力强盛，自然成为了可以主持大局的一方，天下遂“合”。不久，由于秦始皇的暴政，导致人民不满，最后农民战争爆发。当时出现了好几股势力，如势力强大的有刘邦、项羽，之前的还有陈胜、吴广。经过多年战争，最后刘邦统一天下，建立汉朝。汉朝继承了秦朝的一些制度，而且把诸侯割据的隐患也继承下一部分，比如封国制。汉朝后期，宦官专权，汉朝败落，朝中又出现了几股比较强的势力，例如曹操、袁绍，然后便出现了《三国演义》的开篇和接下来的故事。

三国最后统一于晋朝，这是历史上第二次大统一。晋朝经历西晋、东晋，延续了一百五十六年，公元420年东晋亡，南北朝

开始。中国历史进入第三次大分裂。从公元 420 年到公元 589 年，国家政权更迭不断。公元 589 年，杨坚灭陈，完成统一，天下尽归隋朝统治。这是中国历史上第三次大统一。隋朝的统一，从客观上说，是得益于北方民族的大融合，南方经济发展；国家长期分裂，人民渴望统一。可惜的是，隋朝同秦朝一样也是两世而亡。

公元 618 年，唐朝建立。唐朝经历了将近三百年的统治。唐朝后期政治混乱，从牛李党争到宦官专权，其间农民起义不断发生，终于爆发了黄巢起义。经过这次农民战争，唐朝的统治名存实亡。公元 907 年，朱温建立大梁，唐朝灭亡。中国历史进入五代十国时期，第四次大分裂开始。五代时期，战乱频仍，政权更迭频繁，统治时间短的如后汉仅四年，统治时间最长的后梁也只有十七年。相比之下，十国时期的情况好得多。尤其是南方诸国，由于统治时间较长，政局稳定，促进了经济的发展。公元 960 年，宋太祖赵匡胤发动“陈桥兵变”，黄袍加身，建立大宋。宋朝结束了五代十国的纷乱局面，却一直处在与辽、金等国的战战和和中。但是，宋朝却是继汉唐之后，中国历史上一个有名并且重要的朝代。经济、文化繁荣，科技突飞猛进，政治也比较开明。公元 1279 年，元灭南宋，统一中国，至此结束了自唐灭亡以来长达三百七十三年的大分裂，实现了中国历史的第四次大统一。元朝的统一为之后明清的长期统一奠定了基础，元朝的地域基本上奠定了我国疆域的雏形。元明两朝及明清两朝的更替算不上分久必合。

总起来说，中国历史的四次大统一就是秦、晋、隋、元；四次大分裂就是战国时期、三国时期、南北朝时期、五代十国辽宋夏金时期。

中国是个多民族的国家，多民族代表多种文化，文化之间的差异便会造成纷争。中国的地理特点孕育出不同的人，江南多才子，而北方多少数民族，南方文弱，北方豪放，也是造成“分”的原因之一。中国的封建君主制度，将繁荣带到中原，却将其他地方称为东夷、南蛮、北狄、西戎，这种自大、歧视的态度使中国中原地区的改朝换代很快，也是一个朝代衰落的原因，清朝就是很好的例子。朝代的更换意味着战争，野心人人都有，差别只在于能力高低，中国“分久必合，合久必分”的政治特色也为中国创造出许多名扬天下的人物和传奇，其中人物以“合”时期的唐宋最多，传奇以“分”时期的三国最让人神往。

历史上的分分合合都是有它的发展趋势的，最根本的原因是生产力的发展和人类社会发展的固有规律。“分”利于促进相互竞争，共同进步，中国历史上思想、科技发展最快、英雄人物辈出的时候就在“分”，如春秋战国、三国时期；“分”的弊病在于国家间相互征伐，对经济破坏极大，普通老百姓生活得很差。“合”利于经济发展、社会繁荣，这一时期百姓生活安定，文人有闲情逸致创作文学，因此文化发展很快，例如唐、宋两朝；其弊病在于，由于没有生存压力，统治者就越来越没有上进心，最后一代不如一代，国家实力越来越差。总之“分”“合”各有利弊。

中国历史上的这种“分久必合，合久必分”的循环，曾引起众多有识之士的忧虑，许多人都在思考如何解决这个问题。1945 年，民主人士黄炎培在延安的窑洞里，曾与当时的中国共产党领袖毛泽东纵论历史，其中有一段令人深思的对话。

面对毛泽东的问题，当时的黄炎培直言道：“我生六十余年，耳闻的不说，所亲眼见到的，真所谓‘其兴也勃焉，其亡也忽焉’。一人，一家，一团体，一地方，乃至一国，不少单位都没有能跳出这周期率的支配力。大凡初时聚精会神，没有一事不用

心，没有一人不卖力，也许那时艰难困苦，只有从万死中觅取一生。既而环境渐渐好转了，精神也就渐渐放下了。有的因为历时长久，自然地惰性发作，由少数演为多数，到风气养成，虽有大力，无法扭转，并且无法补救。也有为了区域一步步扩大了，它的扩大，有的出于自然发展，有的为功业欲所驱使，强于发展，到干部人才渐见竭蹶，艰于应付的时候，环境倒越加复杂起来了，控制力不免趋于薄弱了。一部历史，'政怠宦成'的也有，'人亡政息'的也有，'求荣取辱'的也有，总之没有能跳出这周期率。"黄炎培希望共产党的政权能够找到一种方法，跳出历史上的这种"周期率"。

听了黄炎培的话，毛泽东肃然相答："我们已经找到了新路，我们能跳出这周期率。这条新路，就是民主。只有让人民起来监督政府，政府才不敢松懈。只有人人起来负责，才不会人亡政息。"

这段话不愧是改变"中国之历史"的经典对话，是对中国历史上"分久必合，合久必分"循环现象最好的回答。

嘉奬勤學

昔仲尼，师项橐……

导读

《三字经》的最后一部分，用了不少典型的人和事，描述了勤奋好学，功成名就的故事；还用了一些比喻，如“犬守夜，鸡司晨”，“蚕吐丝，蜂酿蜜”等，来说明为学之道在于勤，来劝勉学子勤奋学习，发奋进取。《三字经》就是用这些事例来激励

幼学者奋发有为，去追求“扬名声，显父母”的人生境地，体现着“学而优则仕”的传统观念。

昔仲尼，师项橐，①
古圣贤，尚勤学。②
赵中令，读《鲁论》，③
彼既仕，学且勤。④

译文

从前，孔子是个十分好学的人，当时鲁国有一位七岁的孩子名叫项橐，孔子就曾向他学习，像孔子这样伟大的圣贤，尚不忘勤学，何况我们普通人呢？宋朝的赵普已经当了中书令，还不断地读《论语》，没有因为自己已经当了大官，而忘了勤奋读书。

注释

①昔：以前。仲尼：孔子，字仲尼。师：向……学习或请教。项橐（tuó）：春秋时期鲁国的神童。

②尚：还、犹。

③赵中令：宋朝的赵普，担任过中书令。赵普曾有“半部论语治天下”的名言。鲁论：西汉初年鲁国人所传的《论语》。

④既：已经。仕：做官。

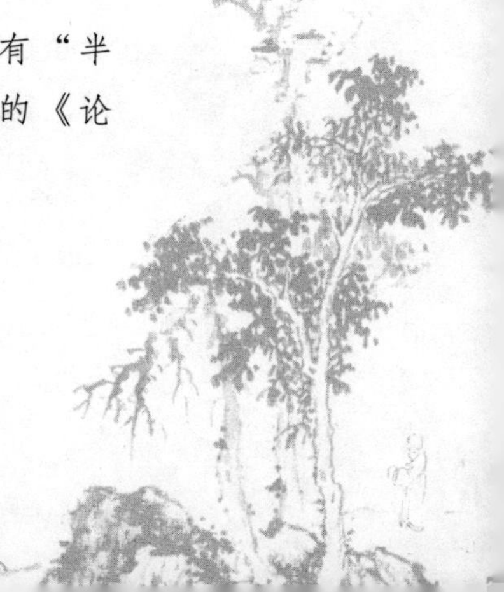

披蒲编，削竹简，[①]
彼无书，且知勉。[②]
头悬梁，锥刺股，[③]
彼不教，自勤苦。[④]

译文

西汉时路温舒把文字抄在蒲草上阅读，公孙弘将《春秋》刻在竹子削成的竹片上，他们两人都很穷，买不起书，但还不忘勤奋学习。汉朝的孙敬，每天都读书读到深夜，担心睡着，他就把头发悬挂在屋梁上；战国时的苏秦，发愤读书，夜深时怕打瞌睡耽误读书，便用锥子刺自己的大腿，他们都不用别人教导督促，就知道要勤劳苦读。

注释

①披蒲编：西汉人路温舒家贫，在水泽边放羊时砍蒲草编成书册，当作书写文字的纸张。披：劈分。削竹简：西汉人公孙弘幼贫，在竹林中放猪时将青竹削成竹片，向人借书抄在上面苦读。

②彼：他、他们。勉：努力。

③头悬梁：汉朝人孙敬读书非常刻苦，晚上阅读时，他把头发拴在屋梁上以免打瞌睡。锥刺股：战国人苏秦读书每到疲倦时，就用锥子刺大腿来警醒自己。股：大腿。

④不教：不用别人教导。勤苦：勤奋苦读。

如囊萤，如映雪，①
家虽贫，学不辍。②
如负薪，如挂角，③
身虽劳，犹苦卓。④

译文

晋朝人车胤，没有灯，就把萤火虫放在纱袋里，利用萤火虫的微弱萤火来读书；晋朝人孙康，没有灯，则利用积雪反射的光线来读书，他们两人家境贫苦，却能在艰苦条件下继续求学。汉朝的朱买臣，以砍柴维持生活，每天边担柴边读书；隋朝的李密，放牛把书挂在牛角上，有时间就读，他们在这么劳苦的情形下，依然坚苦卓绝地求学。

注释

①囊萤：晋朝人车胤家贫买不起灯油，他捉来许多萤火虫装在纱袋里照亮夜读。映雪：晋朝人孙康也是家贫，夜晚读书时无灯油，于是冬夜到户外借助积雪的反光读书。

②辍（chuò）：停止。

③负薪：汉朝人朱买臣靠砍柴为生，挑柴时将书放在柴草担上边走边读。挂角：隋朝人李密给人家放牛，他把书册挂在牛角上，一边放牛一边读书。

④犹：仍旧、还。苦卓：在劳苦中得到卓越的成就。

苏老泉，二十七，[①]
始发愤，读书籍。[②]
彼既老，犹悔迟，[③]
尔小生，宜早思。[④]

译文

宋朝的苏洵，直到二十七岁时才下定决心要努力读书，后来成了大学问家。像苏洵那样，年纪已经不小了，还尚且为自己读书太晚而后悔，你们这些年轻小辈，应该早一点思考，想清楚其中的道理。

注释

①苏老泉：就是苏洵，字明允，号老泉，北宋著名文学家，唐宋八大家之一。

②始：才。发愤：下定决心，力求精进。

③彼：他。此指苏洵。既：已经。老：指年纪不小了。犹：还，尚且。悔：后悔。迟：晚。

④尔：你、你们。小生：年轻一辈。宜：应该。早思：早一点思考，想个明白。

若梁灏，八十二，[①]
对大廷，魁多士。[②]
彼既成，众称异，[③]
尔小生，宜立志。

译文

像五代时的梁灏，八十二岁登第，而且在朝廷的殿试中对答如流，从所有应试的读书人中脱颖而出，成为状元。梁灏这么大年纪，尚能获得成功，不能不使大家感到惊异，钦佩他的好学不倦，你们这些年轻学子应该趁着年轻的时候，立定志向，努力用功。

注释

①梁灏：五代末年人，历经后晋，后汉，后周，北宋。他非常喜欢读书，在太宗雍熙年间，八十二岁那一年，他考中了状元。

②对：应对。大廷：朝廷。魁：第一名。多士：许多读书人。

③彼：指梁灏。成：成功。称异：称赞他的特别，有才能。

莹八岁，能咏诗，[①]
泌七岁，能赋棋。[②]
彼颖悟，人称奇，[③]
尔幼学，当效之。[④]

译文

北魏的祖莹八岁时就能吟诗成诵；唐朝的李泌七岁时就能以下棋为题作赋。祖莹和李泌两人的年纪虽然小，但聪明过人，大家都称赞他们是奇才，你们初入学的人，应该效仿他们，努力用功读书。

注释

①莹：北魏人祖莹，八岁时就能作诗成诵。

②泌（mì）：指唐朝人李泌，七岁时便能作出棋赋，有“方若行义，圆若运知”等句。

③颖悟：聪明有悟性。奇：奇特、不平凡。

④幼学：初入学的人。效：效仿、学习。

蔡文姬，能辨琴，[①]
谢道韫，能咏吟。[②]
彼女子，且聪敏，[③]
尔男子，当自警。[④]

译文

东汉末年的蔡文姬能从琴声中分辨琴的好坏，东晋的才女谢道韫则能出口成诗。她们这些女孩子，天资如此聪慧，你们这些男生更应当自我警醒，好好努力充实自己才是。

注释

①蔡文姬：东汉著名文学家蔡邕的女儿。她精通诗赋、音律，能辨别琴声，所作《胡笳十八拍》一时称为绝唱。

②谢道韫：东晋著名女诗人，才思敏捷，能出口成诗。

③且：尚且。聪敏：聪慧敏捷。

④自警：自我警醒。

唐刘晏，方七岁，[①]
举神童，作正字。[②]
彼虽幼，身已仕，[③]
尔幼学，勉而致。[④]
有为者，亦若是。[⑤]

译文

唐朝的刘晏，才七岁就被推举为神童，并且做了负责刊正文字的官员。他虽然年纪很小，却已经做了官。你们初入学的人，只要勤勉努力，也是可以做得到的。有作为、肯努力的人，也应该像这样。

注释

①刘晏：唐朝人，七岁便能写诗作文，是当时有名的神童。

②举：推举。神童：是唐代科举考试科目之一，唐代设童子科选拔神童。作：同“做”，担任。正字：官名。负责刊正文字、校定典籍。

③身：本身。仕：做官。

④致：达到。

⑤有为者：有作为、肯努力的人。是：这样。这是一句总结的话，意思是一切有作为的人，都能与上述名贤一样取得成就，扬名后世。

犬守夜，鸡司晨，[1]
苟不学，曷为人？[2]
蚕吐丝，蜂酿蜜。[3]
人不学，不如物。[4]

译文

狗会替人守夜看门，公鸡会打鸣报晓。这些动物都能忠于职守，我们如果不能用心学习，迷迷糊糊过日子，哪还有什么资格当人呢？蚕会吐丝，蜜蜂则采花酿蜜。人如果不努力学习，就连这些动物都不如了。

注释

①司：管理，掌管。
②苟：假如。曷：何，怎么。
③酿：酿造。
④物：动物。

幼而学，壮而行，[1]
上致君，下泽民。[2]
扬名声，显父母，[3]
光于前，裕于后。[4]

译文

一个人要在幼年时努力学习，长大以后要身体力行，学以致

用，上可以辅佐君主，为国家效力；下可以造福人民，为百姓谋福利。这样不但宣扬了自己的名声，同时也让父母感到荣耀，而且能光耀祖先，福荫后代子孙。

注释

①壮：长大，成年。行：力行，实践。

②致君：指辅佐君王，报效国家。泽民：施恩泽于百姓，即造福百姓。

③扬：显扬。显：荣耀。

④光：荣耀、光耀。前：指祖先。裕于后：指惠泽后代。裕：使富足。

人遗子，金满籝，[①]
我教子，惟一经。[②]
勤有功，戏无益，[③]
戒之哉，宜勉力。[④]

译文

人们留给子孙的是满箱金银财宝，而我教导交给子孙们的，只不过是一部经书。勤奋学习一定会有好的收获，只顾嬉戏玩乐不肯上进，必定没有好的结果。所以我们要引以为戒，应当不断勉励自己努力前行。

注释

①遗：留给。籯（yíng）：竹箱。

②一经：一部经书，这里指的是《三字经》。

③功：收获。戏：玩乐嬉戏。

④戒：警惕。哉：语助词，表示感叹。宜：应该，应当。

国学故事

1. 昔仲尼，师项橐，古圣贤，尚勤学。

春秋时代有个神童名叫项橐。有一天，项橐和玩伴们在路上玩筑城的游戏，用泥巴堆筑了一座土城。恰好孔子带着学生坐马车路过，其他的孩子们看到马车都纷纷避开，只有项橐依然坐在路中的小土城里。

于是孔子就下车问他："马车来了，为何不避开呢？"项橐抬起头来看看孔子，理直气壮地说："圣人说过，人要上知天文，下知地理，中知人情。自古以来，只听过车可绕城而走，从未听过要把城搬走让车通行的。"孔子觉得项橐说得很有道理，没有话可驳他，就叫学生驾着马车绕道过去，并对项橐说："你小小年纪，却懂得不少道理。"项橐很不服气孔子说他年纪小，又对孔子说："我听说小鱼出生三天后，就能在江海中自由自在地游水；兔子生下来三天，也会蹦蹦跳跳地跑上一段距离；人生下来三个月，就能认识他的父母。这是与生俱来的本能，和年纪大或是小有什么关系呢？"

给项橐这一反驳，孔子一时答不上话来，不禁感叹地对着身旁的学生说："真不简单哪！真是后生可畏呀！看来我还得向他学习学习才好呢！"

2. 半部论语治天下

《三字经》中的“赵中令，读《鲁论》，彼既仕，学且勤”说的是北宋赵普“半部论语治天下”的故事。

赵普原是赵匡胤手下的掌书记。公元960年，赵匡胤率军北上，部队到达陈桥时，赵普为赵匡胤出谋划策，发动陈桥兵变。赵匡胤做了皇帝，建立了宋朝后，赵普任枢密使，又辅佐宋太祖统一全国的事业，直至公元964年做了宰相。

宋太祖死后，他的弟弟赵匡义继位，史称宋太宗。宋太宗时，赵普仍然是宰相。有人对宋太宗说赵普学识浅，所读之书只是儒家的一部经典《论语》，当宰相不恰当。有一次，宋太宗问赵普：“有人说你只读一部《论语》，这是真的吗？”赵普老老实实地回答说：“我所知道的，确实不超出《论语》这部分。过去我用半部《论语》辅助太祖平定天下，现在我用半部《论语》辅助陛下，天下太平。”后来赵普病逝，家人打开他的书箱，里面果真只有《论语》二十篇。此处“半部论语”是强调儒家思想的博大精深。

3. 披蒲编，削竹简，彼无书，且知勉。

路温舒，西汉巨鹿人，家里贫穷，只好替人放羊。他很喜欢读书，但是却买不起书。当时中国还没有发明纸，写字时使用的是木简、竹简或绢帛，所以当时的书都很贵，只有做官的和富有人家的子弟，才买得起书来读。

有一天，他在放羊时，看到水泽里长满了蒲草，突然灵机一动，心想，为什么不利用蒲草编成本子来写字呢？于是他摘了许多蒲草，裁成小片，再编订起来，然后把借来的《尚书》抄写在上面。路温舒就这样苦读，直到他被推举为孝廉，成为一位非常有名的人。做官后因为他精通汉书、熟悉法律，他做了狱吏，最后官至临淮太守，成为著名的法律专家。

同一时期，有一位名叫公孙弘的人，也因为家贫无法好好读书，四十几岁时还在帮人家牧猪。这时，他觉得自己年纪已大，却整天与猪为伍，一事无成，于是下定决心努力读书，但他没钱买书，因此十分烦恼。有一天，他在寒竹林中牧猪，突然想到竹子是很好的书写材料，于是砍了许多竹子，削去青皮，制成一片片的竹板，再向人家借《春秋》这本书，抄在竹简上，利用空闲时间阅读。经过努力他也成为一名学者，官至丞相。

历史上许许多多的伟人志士都是在艰苦的条件下，勤学不辍，终于学有所成。古人说："玉不琢，不成器。"一个人想要追求知识和美德，想要有所作为，就要有远大的志向和坚定的信念，努力坚持、辛勤付出。

4. 头悬梁，锥刺股。

成语"悬梁刺股"由两个故事组成。"悬梁"见于《太平御览》："孙敬字文宝，好学，晨夕不休。及至眠睡疲寝，以绳系头，悬屋梁。后为当世大儒。"孙敬到洛阳太学求学，每天从早到晚读书，常常废寝忘食。时间久了，也会疲倦得直打瞌睡，他便找了一根绳子，一头绑在房梁上，一头束在头发上，当他读书打盹时，头一低，绳子就会扯住头发，弄疼头皮，人自然也就不瞌睡了，于是继续读书学习。从此，每天晚上读书时，他都用这种办法，这就是孙敬"悬梁"的故事。年复一年地刻苦学习，使孙敬饱读诗书，博学多才，成为一名通晓古今的大学问家。

"刺股"见于《战国策·秦策一》载："（苏秦）读书欲睡，引锥自刺其股，血流至足。"苏秦少时便有大志，随鬼谷子学习多年。为求取功名，他变卖家产，置办华丽行装，去秦游说秦惠王，欲以连横之术逐步统一中国，未被采纳。由于在秦时日太

久，以致盘缠将尽，只好衣衫褴褛地返回家中。亲人见他如此落魄，都对他十分冷淡。苏秦羞愧难当，下决心用功学习，便拿出师傅送给他的《阴符》一书，昼夜苦读起来。读书时他准备了一把锥子，一打瞌睡，便用锥子往自己的大腿上刺，强迫自己清醒过来，专心读书。如此这般坚持了一年，他再次周游列国。这次终于说服齐、楚、燕、韩、赵、魏“合纵”抗秦，并手握六国相印。苏秦缔约六国，联合抗秦，使秦王不敢窥函谷关达十五年之久。

5. 若梁灏，八十二，对大廷，魁多士。

五代的梁灏，从小就喜爱读书。但是在他年轻时，虽然年年都参加科举考试，可是每年都名落孙山。梁灏并不气馁，始终坚持不懈地读书，对别人的冷嘲热讽，他只是淡淡地一笑，继续准备参加下一年的科举考试。

即使后来他的儿子考中状元了，梁灏还是在家中苦读。朋友们见了，都笑着劝他说：“你的儿子都已经考中状元了，以后你也衣食无忧了，何必年年考科举呢?”可是梁灏却只是笑笑，并不为之所动。经过不断地努力，他终于在八十二岁的那一年考中了进士。

在殿堂上，他对答如流，老当益壮，大臣们都很钦佩他，皇帝也很赏识他。最终中了状元。后来，他深有感触地对着儿孙们说：“活到老，学到老。只要坚持不懈，铁杵也能磨成针啊!”

6. 莹八岁，能咏诗。

北魏时的祖莹，从小就很聪明，八岁时就能背诵《诗经》和《尚书》。十二岁时成为太学生，并被老师选为“讲生徒”，为其他学生讲授《尚书》。

祖莹非常喜欢读书，每天从早到晚读个不停。有一次，他因为读书读到很晚才睡，第二天醒来已过了上课时间。他急忙赶到学校，正好轮到他上台讲授《尚书》。匆忙中拿错了书，但是他却不慌不忙地连续背诵了三篇《尚书》中的文章，没有错漏掉一个字。老师和同学发现后都大吃一惊。

由于祖莹的聪明好学，亲朋好友都叫他“圣小儿”（神童的意思），认为他将来必成大器。祖莹后来果然在仕途上很有成就。

7. 泌七岁，能赋棋。

唐朝的李泌，小时候很聪明，七岁时就能写出很好的文章。玄宗听说有这么一个神童，就下诏召见李泌，要试试他的才学。李泌进宫面圣时，玄宗正在和燕国公张说下棋，就示意张说趁机考考他。张说就以下棋为题目，要李泌以“方、圆、动、静”四个字作一首诗，并先举一个例子给李泌作参考：“方若棋盘，圆若棋子，动若棋生，静若棋死。”又限制李泌诗中不能提到“棋”字。

李泌听了，从容地吟了一首：“方若行义，圆若用智，动若骋材，静若得意。”意思是：方的好像是行义理，圆的好像是运用智能，动的好像是施展才能，静的好像是得意的样子。玄宗听了非常惊讶，高兴地把他抱在怀里，一直称赞他聪明，当场赐他一件高官才能穿的紫衣袍。后来李泌果然不负众望当了宰相。

8. 谢道韫，能咏吟。

《世说新语》中记载：谢道韫年少时，一次冬天家族聚会碰巧大雪纷飞，谢安一时雅兴大发，脱口吟出一句“大雪纷纷何所似?”并让晚辈对出下句。谢道韫的堂哥谢朗抢着说：“撒盐空中差可拟。”谢道韫接着说：“未若柳絮因风起。”谢安听了拍案

叫绝，没想到他的这位小侄女，竟然可以对出意境这么美的诗，于是大大夸奖她，认为她比喻精妙、文思敏慧。而后世也就以“咏絮才”来称赞有文才的女子。

9. 唐刘晏，方七岁，举神童，作正字。

唐朝人刘晏虽然其貌不扬，但却是个神童。七岁时，唐玄宗到泰山祭天，刘晏献上一篇《东封颂》的文章。玄宗看过之后，十分赞赏，便召见他。玄宗见他年纪小，怀疑《东封颂》非刘晏的手笔，于是命宰相张说出题考他。张说看了刘晏的试卷后，发现他果真天资聪颖，不愧是一位神童。玄宗因此封刘晏当“正字”的官，负责刊正文字、校对典籍。

有一次，玄宗对刘晏说：“你是个正字官，到底能正几个字呢?”刘晏一听，即刻跪在地上说：“天下的字我都能正，只有一个朋字，我还不能正。”原来当时朝廷里有许多人结党做坏事，人们称这批为非作歹的人为“朋比为奸”。刘晏所说的不能正“朋”字，就是指这件事。刘晏年纪虽小，就有这样出色的表现，长大后成就更是非凡，当了唐代的宰相，成为了一个爱民如子，负责尽职的好官。

10. 勤学的范仲淹

宋朝有一位宰相名叫范仲淹，他不但是一位文学家，在政治和军事方面也非常有成就。但是他的成功并非只靠他的运气及天赋，而是因为他非常好学，经过不断努力得来的。

在范仲淹两岁的时候，父亲就过世了。因为家里很穷，他过着贫苦的生活。不管白天或是晚上，他一直勤苦读书，从来没有解过衣服睡觉，常常读到深夜才去休息。有时候，书读得累了，便用冷水浇头，清醒以后，再继续读书。没有钱买米的时候，他就煮稀饭来吃。等到稀饭凉了，凝在一起的时候，就划成四块，早上吃两块，晚上再吃两块。又把咸菜切成十几条下饭，就这样填饱肚子。

有一次皇帝的车队经过附近，同学们顾不得看书，都争先恐后地跑出去看，唯独范仲淹闭门不出，仍然埋头读书。有个同学特地跑来叫他："快去看，这是个千载难逢的机会，千万不要错过！"但范仲淹只随口说了句："不急！不急！将来再见也不晚。"便头也不抬地继续读他的书了。果然，第二年他就中了进士，见到了皇帝。

因为范仲淹一直刻苦勤学，把"五经"研究得非常透彻，后来终于成了一个大学问家，而且在宋仁宗时，当上了宰相。

文化常识

《三字经》中的文学名人

蔡文姬：

蔡文姬（177—?）名琰，字文姬，东汉末年陈留圉（今河南开封杞县）人，东汉大文学家蔡邕的女儿，是中国历史上著名的才女和文学家。代表作有《胡笳十八拍》《悲愤诗》等。

蔡文姬自小耳濡目染，既博学能文，又善诗赋，音乐天赋自小过人。她六岁时听父亲在大厅中弹琴，隔着墙壁就听出了父亲把第二根弦弹断的声音。其父惊讶之余，又故意将第四根弦弄断，居然又被她指出。《三字经》中"蔡文姬，能辨琴"说的就是这件事。

蔡文姬从小以班昭为偶像，也因此留心典籍、博览经史，并有志与父亲一起续修汉书，青史留名。可惜东汉末年，社会动荡，蔡文姬被掳到了南匈奴，嫁给了匈奴左贤王，饱尝了异族异乡异俗生活的痛苦。十二年后，曹操统一北方，想到恩师蔡邕对自己的教诲，用重金赎回了蔡文姬。

蔡文姬非常有才气且博闻强识。在一次闲谈中，曹操表示很羡慕蔡文姬家中原来的藏书。蔡文姬告诉他原来家中所藏的四千卷书，几经战乱，已全部遗失时，曹操流露出深深的失望，当听到蔡文姬还能背出四百篇时，又大喜过望，于是蔡文姬凭记忆默写出四百篇文章，文无遗误，可见蔡文姬才情之高。曹操把蔡文姬接回来，在为保存古代文化方面做了一件好事。历史上把“文姬归汉”传为美谈。

蔡文姬回汉后借助自己音乐上的造诣，参考胡人声调，结合自己的悲惨经历，创作了哀怨惆怅、令人断肠的琴曲《胡笳十八拍》，之后被广为流传。蔡文姬感伤乱离，又作《悲愤诗》，这是中国诗歌史上第一首自传体的五言长篇叙事诗，后人评价为“真情穷切，自然成文”，其激昂酸楚，在建安诗歌中别具一格。

苏洵：

苏洵（1009—1066），字明允，自号老泉，北宋眉山人，唐宋八大家之一。苏洵在少年时期是个不喜欢读书的人。二十七岁时，他的哥哥中了科举做了官，他才猛然想到自己也应该努力读书。于是他下定决心，专心致志地钻研学说。一年后，苏洵参加考试，不幸落榜。回到家后，他长长地叹气说：“我一定是准备得不够充分，所以才不能榜上有名。但是参加科举考试求取功名，实在不是读书学习的目的。”于是把这一年多所写的文章全部烧掉，从此闭门用功读书，不再提笔写文章。

经过五六年的苦读，苏洵自觉学识大有增长，可以再拿笔写文章了。当他下笔时，因为知识渊博，他在很短的时间内就能完成一篇数千字的文章，而且文章论点正确，见解独到，所以很受当时读书人的推崇。

宋仁宗嘉祐年间，苏洵带着他的两个儿子苏轼和苏辙到京师汴京。欧阳修看到苏洵的文章后，十分欣赏他的才华，将他推荐给当时的宰相韩琦。韩琦也很赞赏他的文才，对他礼遇有加。从此苏洵名闻天下，人人争相诵读他的文章，并模仿他的写作方法。苏洵和他的故事对当时及后世都有深远的影响。

三苏：

苏洵读书的故事有传奇色彩，但更为传奇的是苏洵父子三人在中国文学史上的地位。

中国文学史上有“三苏”的称谓。三苏指北宋散文家苏洵（字明允，号老泉）和他的儿子苏轼（字子瞻，号东坡居士）、苏辙（字子由，号颍滨遗老）。宋仁宗嘉祐初年，苏洵和苏轼、苏辙父子三人都到了东京（今河南开封市）。由于欧阳修的赏识和推誉，他们的文章很快著名于世，士大夫争相传诵，一时学者竞相仿效。宋人王辟之《渑水燕谈录·才识》记载：“苏氏文章擅天下，目其文曰三苏。盖洵为老苏、轼为大苏、辙为小也。”“三苏”的称号即由此而来。

苏氏父子积极参加和推进了欧阳修倡导的古文运动，他们在散文创作上都取得了很高的成就，后来俱被列入“唐宋八大家”。三苏之中，苏洵和苏辙主要以散文著称；苏轼则不但在散文创作上成果甚丰，而且在诗、词、书、画等各个领域中都有重要地位。

现在四川眉山市有三苏祠，位于城西南隅，是北宋文学家苏洵及其子苏轼、苏辙祀祠。原为苏氏故宅，明初改建为祠，清代屡有重建和修葺，现存主要建筑有大殿、启贤堂、木假山堂、碑亭等。

三苏祠大门有一副对联：

北宋高文名父子，南州胜迹古祠堂。

三苏祠大殿有清人杨庆远题的一副对联：

宦迹渺难寻，只博得三杰一门，前无古，后无今，器识文章，浩若江河行大地；

天心原有属，任凭他千磨百炼，扬不清，沉不浊，父子兄弟，依然风雨共名山。

“三苏祠”三个黑匾镀金大字，是清人何绍基所书，门两边是张鹏翮的题联：

一门父子三词客，千古文章四大家。

蜀中多才子；三苏天下奇。

后人有诗赞曰：

萃父子兄弟于一门，八家唐宋占三席；

悟骈散诗词之特征，千变纵横识共源。

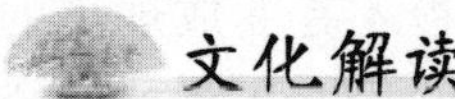

文化解读

中国人勤奋学习的优良传统

中华民族推崇的人生理想，是追求有所作为；看重的立身之本，是真才实学；认定的成才之路，是发愤学习。中国人重视读书、勤奋好学，已成为世代相传的优良传统。中国民间有许多关于学习的格言，如“少壮不努力，老大徒伤悲”“书山有路勤为径，学海无涯苦作舟”“活到老，学到老”等，也流传着很多古人珍惜时间、发愤苦读的故事，比如“悬梁刺股”“囊萤映雪”“凿壁偷光”等。

现在，人们的生活条件和学习条件好多了，不必再“囊萤映雪”“凿壁偷光”，更不必模仿“悬梁刺股”的做法，但古人那种勤奋好学的精神却值得我们好好学习。

中国人崇尚勤奋学习有多种原因。其中一个很重要的原因是我们不能回避的，就是勤奋学习与仕途的关系。

自从孔子的学生子夏提出“学而优则仕”，以及孔子与其弟子身体力行地在列国间的仕途上长期奔走之后，仕途与中国古代文人便结下了不解之缘。文人为什么要入仕？用孔子的话说：“学也，禄在其中矣。”这句话，宋真宗赵恒写过一首《劝读诗》，对这句话予以了形象地阐释：“富家不用买良田，书中自有千钟粟。安居不用架高堂，书中自有黄金屋。娶妻莫恨无良媒，书中自有女如玉。出门莫恨无人随，书中车马多如簇。男儿欲遂平生志，五经勤向窗前读。”他的诗强调了读书，即“学”的重要。正如鲁迅所说，读书仅仅是块敲门砖；只有由“学”入“仕”，敲开了通往仕途的大门，想要的前程才有变成现实的可能。如此，我们就可以理解，为什么中国古代的文人们对仕途是那么地热衷，那么地锲而不舍，那么地孜孜以求！《神童诗》有语：“天子重英豪，文章教尔曹。万般皆下品，惟有读书高。”“朝为田舍郎，暮登天子堂。将相本无种，男儿当自强。”无论是春秋战国时期的“立谈而致卿相”，或者是科举时代的“朝为田舍郎，暮登天子堂”，仕途上是有不少这样的幸运儿的！仕途，仿佛是一条平直的康庄大道。有这些榜样，加上统治者的大力宣传，中国便形成了勤奋学习的优良传统。

附录

《新三字经》（一）

《新三字经》是文化部前常务副部长高占祥最新推出的弘扬传统文化、服务和谐社会建设的千字韵文。全文以236句、1416字的篇幅浓缩人生哲理、社会经验，既讲辩证关系，又富时代气息，既生动活泼，又合辙压韵，既讲通俗性，又含哲理性，堪称文化启蒙、人生励志、传授人生经验、进行思想教育的新经典。

1. 立大志

春日暖，秋水长，和风吹，百花香。
天行健，人自强，生我材，为兴邦。
倡和谐，民所望，兴道德，国运昌。

2. 惜时间

人之春，在少年，光阴迫，惜时间。
生有涯，知无限，苦攻读，莫偷安。
求学路，曲弯弯，路是弓，人是箭。
头不回，弦不断，志不渝，永向前。
大海阔，踏浪尖，高山险，勇登攀。
守琴心，抱剑胆，温而厉，恭而安。
铁可磨，石可穿，攻必克，胜必谦。

3. 感师恩

我学子，重师礼，感师恩，为人梯。

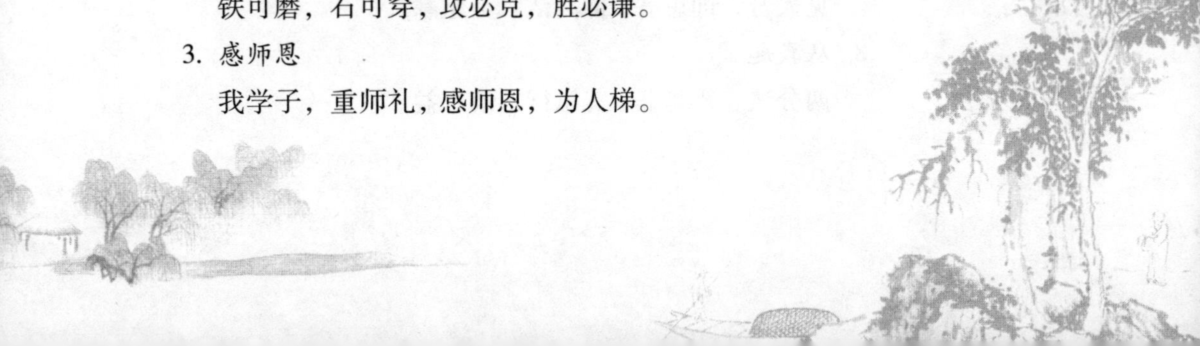

燃红烛，化春泥，呕心血，育桃李。

授知识，传道义，人才群，功德碑。

4. 学与思

学与思，琢与磨，知与行，相交错。

成于勤，毁于惰，荒于嬉，败于奢。

省吾身，思己过，言必行，行必果。

败与胜，非天命，得与失，乃互生。

5. 心怀公

勤奋者，功必成，开创者，业必兴。

贪逸者，手必空，爬行者，难成龙。

图小利，毁名声，贪大财，易丧命。

私欲烈，弊丛生，心怀公，百路通。

6. 苦中练

学知识，长本领，崇人文，尚理性。

数理化，天下用，文史哲，世理明。

学先辈，慰英灵，传家宝，要继承。

学女娲，补苍穹，仿后羿，济苍生。

思夸父，追光明，效愚公，事竟成。

学经典，育华英，出凡俗，入佳境。

学中品，品中升，苦中练，练中精。

石中玉，木中松，云中鹤，人中龙。

7. 守纪律

知荣辱，习礼仪，不知礼，无以立。

遵公德，守纪律，兼相爱，交相利。

见人贤，即思齐，仰高洁，弃粗鄙。

8. 从我起

两分法，辨是非，三思行，慎有益。

宠思辱，安思危，福思祸，利思义。
欲利群，先修己，树新风，从我起。

9. 兴五常

兴五常，正纲纪，处世训，应牢记。
仁者爱，民所喜，义者刚，民所宜。
礼者雅，民所需，智者明，民所依。
信者诚，民所誉，扬正气，振国威。

10. 孝第一

明人伦，孝第一，家道昌，门风立。
对长辈，忌无礼，凡出言，用敬语。
虐老人，悖情理，天不容，法不依。
父母老，勿嫌弃，若有病，快就医。
勤照料，细护理，寸草心，报春晖。
羊跪乳，乌反哺，父母在，儿孙福。

11. 真善美

真善美，是三金，人之根，国之魂。
真在情，善在心，美在意，形在神。
雾茫茫，雨纷纷，眼见事，未必真。
千里风，万里云，背后语，莫全信。
财试人，火试金，慎褒贬，善恶分。
良言出，冬亦温，恶语吐，箭穿心。
道不邪，有知音，德不孤，必有邻。
己不欲，勿施人，己欲立，而立人。
博爱心，宜长存，忠恕道，伴终身。
毁人者，必自损，玩火者，必自焚。
恶为疾，是孽根，善为宝，乃福音。
柔若水，义薄云，人心归，天下顺。

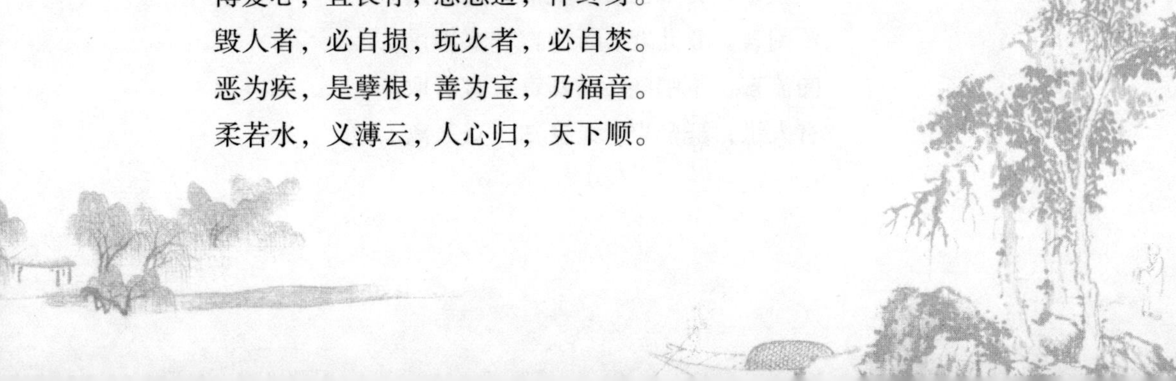

12. 体为本

德智体，是三好，争三好，是目标。
德为上，智为高，体为本，风华茂。
登书山，善思考，游艺海，陶情操。
莫赌博，勿喧闹，远毒品，斥黄妖。
戒网瘾，防泥沼，陋习俗，应改掉。
清肌肤，洁心灵，正衣冠，修其容。
站如松，坐如钟，卧如弓，走如风。
听其言，观其行，明其道，计其功。

13. 精气神

精气神，是三宝，克敌弓，不可少。
精神力，紫气豪，民族魂，华光照。
男儿品，贵似金，女儿魂，洁如云。
能抗争，能沉稳，能高歌，能低吟。
贫不移，富不淫，威不屈，辱不忍。
精有源，气无垠，心通道，道通神。
重名节，防微尘，浩然气，贯古今。

14. 重友谊

松竹梅，是三友，岁月寒，不分手。
松有志，不倨傲，竹有节，不折腰。
梅有香，不争俏，三结义，品自高。
轻私利，重友谊，结善缘，忌猜疑。
遇无礼，莫斗气，求大同，存小异。
人至察，无知己，水至清，则无鱼。
传闲言，非儿戏，听谗言，要警惕。
闻流言，不唱随，逆耳言，宜听取。
有人缘，群贤聚，无良知，众人离。

成人美，济人危，见人险，义勇为。

邦有道，助有规，巧为浮，拙为贵。

口拙者，无是非，眼拙者，无怨怼。

愚在表，智在内，勤补拙，大智慧。

15. 亲自然

天地水，是三元，养万物，亲自然。

天道厉，地道严，水性柔，顺而险。

慎开发，节能源，播绿色，种福田。

芳草地，碧云天，杏花村，桃花源。

元气旺，福气添，心神怡，寿延年。

天人合，永世安，地球村，乐陶然。

16. 和为贵

正清和，是三经，践行者，事必功。

不信邪，曰为正，路不偏，中道行。

脚不斜，心不惊，中正者，乐平生。

不浑浊，曰为清，阴阳分，泾渭明。

欲不贪，情不纵，心清者，人必敬。

曰为和，不纷争，和为贵，和则兴。

一人力，难经风，百人力，能抗衡。

千人力，大无穷，万人力，四海宁。

国不和，刀兵起，家不和，骨肉离。

人不和，心不齐，志不和，道分歧。

社会和，少暴戾，民族和，国之基。

将相和，力生威，家庭和，万事吉。

港澳台，亲兄弟，同根生，共呼吸。

和合力，胜金玉，和生祥，彩云归。

17. 讲礼貌

倡五讲，揭新篇，尊四美，扬新帆。
讲文明，忌野蛮，讲礼貌，忌傲慢。
讲卫生，忌污染，讲秩序，忌散漫。
讲道德，忌空谈，日日新，不间断。
心灵美，无邪念，语言美，无脏言。
行为美，做典范，环境美，建乐园。

18. 奔大同

我中华，开新纪，倡文明，兴正义。
五千年，文化力，传至今，了不起。
好传统，莫荒弃，百福临，千祥集。
和谐经，警世钟，铭在心，贵在行。
和平颂，入太空，和谐曲，咏无终。
建小康，求繁荣，兴中华，奔大同。

《新三字经》（二）

这是广东省委宣传部组织专家学者和从事宣传思想工作、精神文明建设、教育工作的人士，集思广益，广泛征求意见，反复琢磨修改，编写的《新三字经》。

人之初　如玉璞　性与情　俱可塑
若不教　行乃偏　教之道　德为先
昔贤母　善教子　孟断机　岳刺字

养不教　亲之过　教不学　儿之错
玉不琢　不成器　人不学　不知理

为人子　方少时　尊长辈　习礼仪
能温席　小黄香　爱父母　意深长
能让梨　小孔融　手足谊　记心中
孝与悌　须继承　长与幼　骨肉亲
亲养儿　多苦辛　报春晖　寸草心
亲有教　儿恭听　做错事　即改正
亲有过　谏其改　情意切　语和蔼
家务事　乐担承　洗碗筷　扫门庭
家爱我　我爱家　推此心　爱中华

晨早起　理容装　齐抖擞　上学堂
朝霞艳　国旗升　凝眸立　添豪情
新时代　育新人　德智体　美与劳
首德育　倡四有　沁心田　新苗秀
求知识　甘勤奋　昔苏秦　锥刺股
强体魄　闻鸡舞　矫如龙　健如虎
诗书画　歌舞曲　辨美丑　分清浊
常劳动　多磨炼　经风雨　见世面
惜校誉　敬师长　爱好友　守规章
知而行　可成器　全发展　莫偏废
求学者　贵恒心　磨铁杵　可成针
如囊萤　如映雪　家虽贫　学不辍
海有边　山有路　学无涯　不停步
人渐长　入社会　我如粟　民如海

遵法纪　讲公德　勤工作　尽职责
刘少奇　论修养　身作则　人敬仰
周恩来　济世穷　甘尽瘁　矢为公
朱老总　先士卒　扁担情　世传颂
乐助人　有雷锋　少索取　多献奉
焦裕禄　好公仆　一身死　万民哭
人相处　贵诚谦　待人宽　律己严
笃友谊　管与鲍　重道义　择善交
三人行　有我师　见人善　即思齐
己不欲　勿施人　己欲达　则达人
见危难　勇相帮　救溺童　司马光
罪与恶　源于贪　种苦果　终自尝
汉杨震　拒受金　廉洁者　世同钦
爱公物　重公益　胸坦荡　全大局
阅古今　国与家　成由俭　败由奢
青少年　行莫差　纵私欲　等泥沙
论人际　应知礼　态度好　语言美
重环保　草芊芊　绿世界　碧云天
我中华　礼仪邦　讲文明　国运昌

华夏史　似长河　五千年　豪杰多
炎黄德　尧舜继　禹治水　周制礼
秦始皇　四海一　汉武帝　拓疆域
唐太宗　贞观治　清康熙　多建树
苏武节　骨铮铮　直谏镜　多魏征
范仲淹　怀天下　宋包拯　锄横霸
岳家军　复河山　文天祥　寸心丹

戚家军　倭胆寒　郑成功　复台湾
举先贤　难尽说　如薪火　传不绝
近百年　列强欺　烧圆明　割我地
我志士　拍案起　反侵略　雪国耻
林则徐　毁鸦片　三元里　民血战
冲敌舰　邓世昌　试维新　康与梁
到近代　出伟人　垂史册　立功勋
先行者　孙中山　倡民主　帝制翻
建共和　扶农工　怀博爱　望大同
毛泽东　闹革命　率工农　奋长缨
驱日寇　掀三山　新中国　屹东方
总设施　邓小平　拨乱流　反于正
倡改革　勇开放　龙腾飞　民安康
思往事　心潮涌　明国情　知任重

我传统　最悠久　根基厚　枝叶茂
孔孟出　儒学立　重教育　说仁义
老庄起　墨韩兴　曰百家　各争鸣
孙武子　兵法精　传中外　久弥新
楚屈原　赋离骚　投汨水　品格高
司马迁　撰史记　不掩恶　不虚美
李太白　诗之仙　一斗酒　诗百篇
杜少陵　诗之圣　民疾苦　寄深情
苏辛词　关王曲　艺苑花　香馥郁
曰三国　曰西游　曰水浒　曰红楼
四小说　誉神州　此瑰宝　流传久
鲁迅笔　力千钧　振聋聩　醒民魂

郭沫若　沈雁冰　文坛上　各峥嵘
我先贤　聪且慧　发明多　功至伟
造纸针　黑火药　华夏人　首创造
浑天仪　张衡制　圆周率　祖冲之
精医道　汉华佗　传织机　黄道婆
李时珍　编本草　徐霞客　探险奥
今科技　高尖精　裂原子　放卫星
研物种　探基因　计算机　妙通神
加速器　转如电　游太空　光子箭
学术界　聚群英　如天河　闪银星
华罗庚　孙冶方　钱学森　李四光
好榜样　在前头　勇攀登　上层楼
文化高　虎添翼　求富强　争朝夕

我疆域　广无垠　黄土地　育斯民
从昆仑　到海滨　山和水　皆可亲
有五岳　有五岭　或雄峻　或秀挺
黄河阔　长江长　珠水秀　龙江壮
数宝岛　首台湾　连大陆　情相关
古长城　气势雄　古运河　帆樯通
都江堰　水患息　丝绸路　联西域
国境内　多民族　究其数　五十六
百千年　共一家　同携手　建中华
龙传人　遍海外　赤子情　终不改
观风云　看世界　进则昌　退则败
好儿女　细思量　读此经　当自强
乘长风　冲天起　振中华　齐努力